Andreas Preißner

Projekte budgetieren und planen

HANSER

Bibliografische Information Der Deutschen Bibliothek
Die Deutsche Bibliothek verzeichnet diese Publikation in der Deutschen Nationalbibliografie; detaillierte bibliografische Daten sind im Internet über http://dnb.ddb.de abrufbar.

Internet: http://www.hanser.de
Lektorat: Martin Janik/Lisa Hoffmann-Bäuml
Herstellung: Ursula Barche
Umschlaggestaltung: Parzhuber & Partner GmbH, München
Druck und Bindung: Kösel, Kempten
Printed in Germany

ISBN 3-446-22296-0

Andreas Preißner

Projekte budgetieren und planen

Inhalt

Einleitung

Die Anforderungen an Projektleiter und -mitarbeiter waren schon immer hoch. So müssen sie sich durch ein überdurchschnittliches Maß an Kreativität, Motivation und Fachkenntnis auszeichnen, werden aber auch durch überdurchschnittlich viel Abwechslung und Erfahrung „belohnt".

Seit einigen Jahren ist nun zu beobachten, dass eine besondere Aufgabe wachsende Bedeutung erlangt, nämlich die Budgetierung und Planung. Auftraggeber verlangen verstärkt auch „harte Zahlen", bevor sie ihr O. K. für das Projekt geben. Dabei wird genauer geprüft, ob die Kosten in einem vernünftigen Verhältnis zum Nutzen stehen, ob die Annahmen sicher sind, die relevanten Einflussfaktoren berücksichtigt wurden usw.

Projektleiter müssen unter diesen Bedingungen nicht nur gute (kreative, kommunikative, kompetente) Teamleader sein, sondern auch rationale Planer. Sie brauchen ein Grundverständnis der Projektkostenrechnung und müssen in den Dimensionen der Auftraggeber denken und argumentieren. Und diese interessieren sich verstärkt für finanzielle Sachverhalte.

Dieses Buch vermittelt Ihnen das notwendige Rüstzeug dafür. Es zeigt im ersten Kapitel, warum und unter welchen Aspekten die Budgetierung und Planung vorgenommen wird. Das zweite Kapitel stellt den Business-Plan als zentrales Instrument der Information über ein Projekt vor. Kapitel drei vermittelt Ihnen die Grundkenntnisse der Projektkostenrechnung und zeigt Ihnen, wie Sie eine solche für Ihr Projekt aufbauen.

Im anschließenden vierten Kapitel lernen Sie die Verfahren und Kriterien der Projektbewertung kennen. Sie erfahren dadurch, welche

Anforderungen an Ihr Projekt gestellt werden können und wie Sie sich auf entsprechende Fragen vorbereiten. Außerdem zeigt es für Auftraggeber einen systematischen Weg der Projektbewertung auf. Das fünfte Kapitel befasst sich dann mit der Vorgehensweise bei der Budgetierung. Hier erhalten Sie auch Anregungen, wie Sie mit einzelnen Kostenarten umgehen, die in der Planung immer wieder Schwierigkeiten machen, allen voran die Personalkosten.

Der Einsatz einer Balanced Scorecard zur umfassenden Projektsteuerung, die über rein finanzielle Größen hinausgeht, wird im Kapitel sechs dargestellt. Die hier vorgestellten Steuerungsgrößen setzen aber nicht unbedingt eine Scorecard hinaus, sondern gelten auch einzeln.

Schließlich wird im siebten Kapitel die systematische Projektkontrolle behandelt. Hier erfahren Sie, wie Kosten alleine, aber auch im Zusammenhang mit Zeit und Leistung kontrolliert werden können. Falls Ihnen Begriffe noch unklar erscheinen sollten, schlagen Sie einfach im Glossar am Ende des Buches nach. Und vergessen Sie auf keinen Fall, den Projektleiter-Test zu machen!

Um die Arbeit mit dem Buch so einfach wie möglich zu machen, finden Sie hier neben vielen konkreten Beispielen auch

- Hinweise auf die Hürden, die Sie nehmen müssen,
- Tipps für die praktische Umsetzung, und
- Checklisten.

1 Warum müssen Projekte geplant und budgetiert werden?

Ein Unternehmen lebt davon, Geld zu erwirtschaften, immer etwas davon in der Kasse zu haben und zumindest halbwegs regelmäßig einige Euro an die Inhaber bzw. Anteilseigner auszuschütten. Darüber gibt es keine Zweifel. Um dies zu gewährleisten, gibt es umfangreiche Instrumente. Manche sind ganz bescheidene Rechenschemata (z. B. Liquiditätsplan), andere werden eher als Folterinstrumente für die Mitarbeiter angesehen (z. B. Sparplan). Insgesamt ist aber klar, dass die Finanzen sowohl langfristig als auch tagesgenau geplant werden müssen, dass Erfolgskontrollen erforderlich sind und vor allem Transparenz zu schaffen ist.

Für ein Unternehmen insgesamt besteht praktisch Einigkeit darüber, was wann und wie geplant und untersucht werden muss. Die meisten haben inzwischen auch Systeme geschaffen, die Zahlen an allen Ecken und Enden des Betriebes erheben, sie analysieren und auf ihrer Basis planen helfen. Dies ist vor allem Aufgabe der Controllingabteilungen und damit hoch spezialisierter Mitarbeiter.

In den meisten Wirtschaftszweigen setzt sich neben dem oder auch als Alternative zum Liniensystem immer mehr die Etablierung eines Projektmanagements durch. Im Gegensatz zur starren Abteilungsgliederung, bei der im Extremfall jeder Mitarbeiter immer die gleichen Aufgaben erledigt, werden Aufgaben und Mitarbeiter immer wieder neu zugeordnet, je nach aktuellen und konkreten Projekten. In manchen Fällen geht es nur um kleinere und befristete Aufgaben wie die Entwicklung eines Plans für Kostensenkungsmaßnahmen im Verwaltungsbereich, mitunter aber auch um mehrjährige Kundenprojekte, die einen erheblichen Teil der Kapazitäten des Unternehmens beanspruchen. In vielen Branchen wird fast ausschließlich auf Projektbasis gearbeitet, etwa in der Softwareentwicklung, der Beratung, dem Anlagenbau.

Somit stellt sich die Frage, ob die vorhandenen Steuerungssysteme unter den neuen Bedingungen in der Lage sind, das Unternehmen auf Kurs zu halten. Anders gefragt:

Wie lässt sich feststellen,
ob ein Projekt finanziell erfolgreich sein wird oder war?

Wie lässt sich ein Projekt während der Abwicklung
kaufmännisch steuern?

Dazu kommt noch die ganz wesentliche Frage, wie sich das bewerkstelligen lässt, ohne gleich für jedes Projekt eine eigenständige Controllingabteilung ins Rennen zu schicken. Schließlich sind verantwortliche Projektleiter in ihrer Position, weil sie Experten ihres Fachs und/oder herausragende Teamleader sind, damit aber nicht gleichzeitig auch Experten im Controlling.

Die finanzielle Steuerung von Projekten, von der Phase der ersten Projektskizze bis zur nachträglichen Erfolgskontrolle, muss daher besondere Anforderungen erfüllen. Sie muss einfach und flexibel sein, um auf möglichst alle Arten von Projekten angewandt werden zu können, und sie muss so verständlich sein, dass sie auch ohne tiefer gehendes betriebswirtschaftliches Fachwissen eingesetzt werden kann.

Was kann bzw. muss im Rahmen eines Projektes eigentlich alles geplant werden?

Projekte bestehen ja nicht nur aus Geld, eher im Gegenteil. Im Mittelpunkt stehen meist Menschen, die die Projektleistung erbringen. Und da Projekte ja einmalige Tätigkeiten sind, das heißt einen Anfang und ein Ende haben, spielen die Termine eine große Rolle. Dadurch lässt sich auch eindeutig ein Erfolg feststellen, das Projekt wird irgendwann einmal präsentiert. Der Auftraggeber entscheidet dann, ob die Anforderungen erfüllt sind oder nicht. Auch hier gibt es Ansatzpunkte für eine Planung und Kontrolle.

Insgesamt lassen sich also folgende **Objekte der Steuerung** feststellen (Bild 1.1):

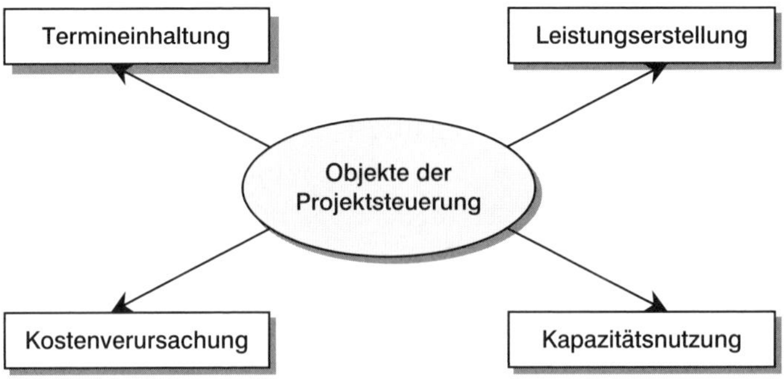

Bild 1.1: Objekte der Projektsteuerung

1. Termineinhaltung

Sicher der zentrale Bereich der Projektsteuerung. Terminverschiebungen haben große Auswirkungen auf die Einhaltung der Projektziele. Andererseits ist eine effiziente Terminplanung zur Beschleunigung der Leistungserstellung auch ein Erfolgsfaktor für das Projekt insgesamt. Vor allem bei technisch bestimmten und komplexen Projekten steht der Einsatz der Netzplantechnik im Mittelpunkt.

2. Leistungserstellung

Durch eine systematische Projektfortschrittskontrolle kann die Entwicklung der Projektleistung, das heißt das Maß der Zielerreichung, kontrolliert werden. Sie ist jeweils individuell an den Projektinhalt anzupassen. Die Projektleitung legt dazu mit dem Auftraggeber fest, welche Teilleistungen zu definieren sind und wo sich beispielsweise Tests oder Zwischenberichte einplanen lassen. So lässt sich während der Projektdauer erkennen, ob es inhaltlich auf dem richtigen Weg ist. Die Leistungskontrolle wird in Verbindung mit der Terminkontrolle vorgenommen, weil beide Dimensionen eng miteinander zusammenhängen.

3. Kostenverursachung

Durch wachsenden Kostendruck und häufige Probleme mit Kostenüberschreitungen ein immer wichtiger werdender Bereich. Eine Aufstellung der Kostenstruktur sowie die kontinuierliche Aufzeichnung der entstandenen Kosten ermöglicht ein frühzeitiges Gegensteuern bei Kostenüberschreitungen. Zudem kann mit Hilfe einer effektiven Projektkostenrechnung eine zuverlässigere Kostenschätzung vorgenommen werden.

4. Kapazitätsnutzung

Während der Projektabwicklung stellt sich oft die Kapazität, insbesondere beim Personal, als Erfolgsgrundlage heraus. Die Projektleitung muss dafür sorgen, dass in den einzelnen Phasen ausreichende Kapazitäten zur Verfügung stehen und dass sich eine möglichst optimale (nicht maximale) Kapazitätsnutzung ergibt. Ebenso geht es um den Kapazitätsverbrauch (auch was finanzielle Ressourcen angeht). Hier bestehen enge Verbindungen zur Kostenkontrolle.

Dieses Buch beschäftigt sich mit der Kostenseite, und damit dem finanziellen Erfolg. Es will Ihnen Wege zeigen, wie Sie Projekte „durchbringen“ und sie auch zwischendurch wirtschaftlich im Griff behalten. Dabei werden Sie eine Reihe von Steuerungsgrößen kennen lernen, die es Ihnen ermöglichen, das Projekt gegenüber der Geschäftsleitung zu vermarkten. Es geht also letztlich nicht nur um die Ausgabenseite, sondern auch um die Einnahmenseite, das heißt die

Erzielung eines ausreichenden Budgets für das Vorhaben. Und dazu ist der Auftraggeber vom wirtschaftlichen Erfolg zu überzeugen.

Um welche Arten von Projekten kann es gehen?

Projekte werden nicht selten fast automatisch mit EDV-Projekten, insbesondere Softwareentwicklung, gleichgesetzt. Auch wenn hier aufgrund der wirtschaftlichen Bedeutung eine besondere Relevanz für Planung und Budgetierung besteht, ist sie auch bei vielen anderen **Projektarten** erforderlich oder zumindest hilfreich, z. B.:

- Motivationsveranstaltungen für Mitarbeiter mit Showprogramm
- Beteiligung an einer Messe/Ausstellung mit eigenem Stand
- Veranstaltungen im Rahmen des Event-Marketing und der Verkaufsförderung
- Durchführung einer Kunden- oder Mitarbeiterbefragung
- Entwicklung neuer Produkte und Dienstleistungskonzepte
- Durchführung einer Schulung/eines Trainings
- öffentliche und private kulturelle Projekte wie Ausstellungen oder Konzerte
- Beratungsprojekt für eigene Abteilungen/für externe Kunden
- Erstellung von Publikationen von der Gebrauchsanweisung bis zum Geschäftsbericht
- Entwicklung einer Werbekampagne/Gestaltung eines Anzeigenmotivs
- Schreiben eines Buches
- Umrüstung einer Maschine
- Durchführung eines Qualitätsaudits im Unternehmen
- Umstellung eines Produktionsprozesses
- Errichtung eines Gebäudes
- berufliche Förderung von Personengruppen
- Durchführung des Börsengangs eines Unternehmens
- Integration eines aufgekauften Unternehmens in die vorhandene Struktur

An Projekte werden ganz unterschiedliche Anforderungen gestellt!

Eine zentrale Überlegung bei der Projektsteuerung ist letztlich die, was überhaupt den Projekterfolg ausmacht. Projektleiter haben meist ganz andere Vorstellungen als Controller oder Geschäftsführer. Will der Erste vielleicht eine besondere Projektqualität im Sinne keiner Reklamation durch den Kunden, will der Zweite eine möglichst günstige Aufwand/Nutzen-Relation und der Dritte womöglich den sicheren Einstieg in eine neue Kundenbeziehung.

Was diese unterschiedlichen Erfolgskriterien für die Projektleitung bedeuten, liegt auf der Hand. Sie selbst wird stark auf Fehlerfreiheit achten und dabei auch höhere Kosten in Kauf nehmen. Das Controlling will genau dieses vermeiden und wird daher auf ein stringentes Kostenmanagement, z. B. auch durch einen hohen Arbeitsdruck, achten. Schließlich wird die Geschäftsführung darauf achten, dass das Projekt Folgegeschäft generiert.

Diese unterschiedlichen Anforderungen unter einen Hut zu bringen ist nicht einfach. Vor allem muss vorher klar sein, was wichtig ist. Nur wenn die Zielgrößen bekannt sind, lässt sich über Mögliches und Unmögliches diskutieren.

Projektleiter müssen sich in die „Welten“ ihrer Auftraggeber hineinversetzen können!

Die wirtschaftliche Steuerung eines Projekts muss sich also um unterschiedlichste Dinge kümmern, oft auch noch gleichzeitig. Der verantwortliche Projektleiter muss sich zudem noch in die „Welt“ der unterschiedlichen Parteien versetzen. Wie oben gezeigt, hat jeder andere Ziele und kann ein Projekt mitunter sogar ablehnen, wenn seine Ziele überhaupt nicht berücksichtigt werden.

Damit haben wir den ersten und wichtigsten Schritt gefunden, nämlich die **Identifikation und Definition der relevanten Zielgrößen.** (Wir beschäftigen uns hier nur mit kaufmännischen Zielgrößen, nicht den technischen oder etwa der Zeit.) Dieser muss davon ausgehen, wer die „Mitspieler“, die Projektparteien bzw. die Entscheider sind. Sie müssen also wissen, wen Sie überzeugen müssen, vor, während und nach dem Projektstart.

Wenn Sie es „nur" mit einem firmeninternen Projekt zu tun haben, dann ist die Zieldefinition recht überschaubar, weil meist auch die Zusammenhänge im Unternehmen bekannt sind. Projektziele lassen sich aus den Unternehmenszielen ableiten, und es ist klar, wer überhaupt Interesse an dem Projekt hat.

Externe Kunden mögen Transparenz nicht immer

Schwieriger wird es, wenn die Projektleistung an einen externen Kunden verkauft wird. Dieser entscheidet nach Kriterien, die er nicht unbedingt offen legen möchte. Hier spielen auch politische Überlegungen eine Rolle. In der Angebotsphase ist mitunter unklar, ob noch andere Wettbewerber im Rennen sind. Zudem könnten während der Projektlaufzeit Kündigungsrechte eine Rolle spielen. Schließlich ist der Entscheidungsprozess beim Kunden nicht immer transparent.

Es ergeben sich die im Bild 1.2 gezeigten möglichen wirtschaftlichen Ziel- und Erfolgsgrößen für die unterschiedlichen Parteien.

Bevor ein Projekt überhaupt gestartet werden kann, muss also über die jeweiligen Zielgrößen Klarheit herrschen. Die Projektleitung muss in der Lage sein, Informationen zu den geforderten Größen zu geben, um eine Entscheidung herbeizuführen. Aus der Unterschiedlichkeit der genannten Kriterien ergibt sich schon, dass eine einfache Information wie: „Das Projekt wird 50.000 EUR kosten", nicht hilfreich ist. Sie wird vielleicht den Kunden dazu bewegen, den Auftrag zu erteilen, die eigene Geschäftsführung wird aber wissen wollen, „was unter dem Strich übrig bleibt", etwa, welche Verzinsung der eingesetzten Ressourcen sich ergibt. Daher sind immer die Erlös- *und* Kostenseite zu berücksichtigen. Und es ist zu berücksichtigen, in welchen Kategorien die Beteiligten denken.

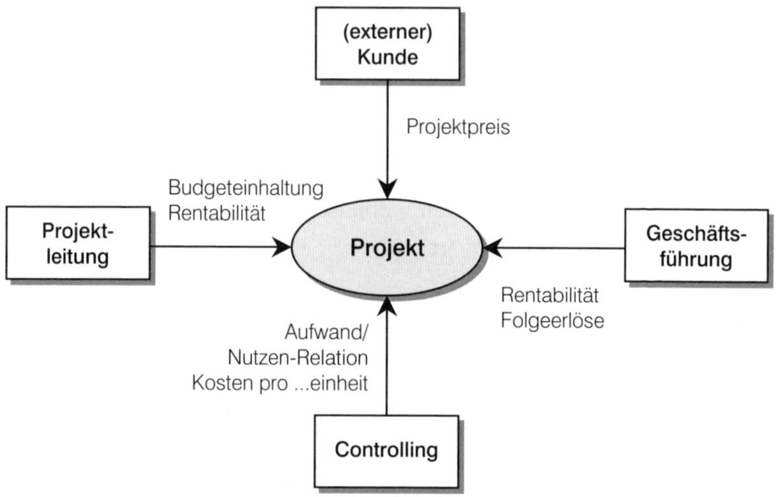

Bild 1.2: Wirtschaftliche Anforderungen an Projekte

- Auf **Führungsebene** interessiert in erster Linie das Gesamtergebnis, auch im Vergleich zu anderen Projekten. Schließlich müssen die Budgets so vergeben werden (oder auch nicht), dass insgesamt die bestmögliche Rentabilität erreicht wird.
- Das **Controlling** geht weiter ins Detail und möchte auch wissen, ob z. B. die Mitarbeiter effizient eingesetzt werden. Es analysiert, ob und warum ein Projekt für sich effizient ist und gibt ggf. Hilfestellung auf dem Weg dahin.
- Die **Projektleitung** benötigt schließlich Zwischengrößen, um während des Projektlaufs feststellen zu können, ob die Ziele eingehalten werden oder Abweichungen entstehen.

Bild 1.3 stellt die unterschiedlichen Interessenschwerpunkte dar.

Um all dies zu gewährleisten, ist für ein Projekt eine möglichst genaue Planung der finanzwirtschaftlichen Größen erforderlich. Dies lässt im Vorhinein erkennen, ob grundsätzliche Wirtschaftlichkeitsprobleme bestehen, und ermöglicht ein schnelles Eingreifen bei Abweichungen.

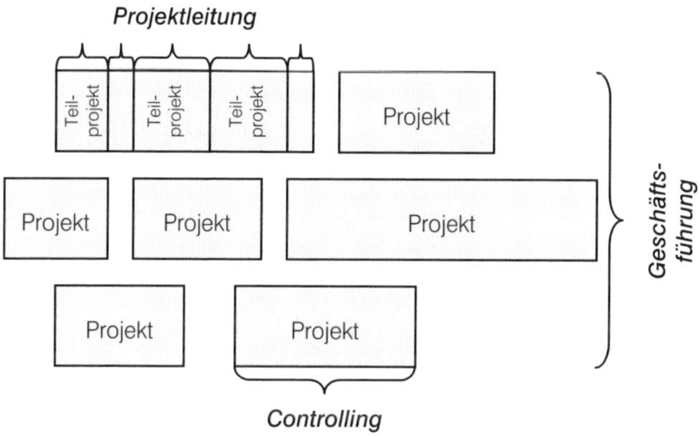

Bild 1.3: Interessenspektren im Projektmanagement

Nun muss diese Planung nicht unbedingt dazu führen, sich mehr mit den Finanzen als mit dem Projekt an sich zu beschäftigen. Der Planungs- und Kontrollaufwand muss dem Projektvolumen angemessen sein. Das heißt einerseits, dass kleine betriebsinterne Projekte mit einem Kostenvolumen von einigen Tausend Euro nicht detailliert geplant werden, andererseits aber auch, dass bei großen Volumina nicht an der Planung gespart wird, zumal ein Fehlschlagen auch zu einer Unternehmensschieflage führen kann.

Zum Abschluss dieses Kapitels finden Sie einen Projektleiter-Test, mit dem Sie sich selbst einschätzen können. Sie erfahren auch, welche Schwerpunkte Sie vielleicht beim Lesen des Buches legen sollten.

Der Projektleiter-Test

Welcher Typ Projektleiter sind Sie? Wie steht es um Ihr Kostenbewusstsein? Dieser Test gibt Ihnen Anhaltspunkte für Ihre persönlichen Schwerpunkte als Projektleiter. Eine umfassende fachliche Diagnose kann er jedoch nicht ersetzen. Beantworten Sie einfach die folgenden Fragen, indem Sie die Antwort ankreuzen, die Ihrer Meinung am nächsten kommt. Am Ende von Kapitel 6 finden Sie die Auswertungen.

1. Sie haben das Budget Ihres aktuellen Projekts nicht ausgeschöpft. Mit der Leistung sind Sie hoch zufrieden, der Abschluss wird in ca. drei Wochen erwartet. Viel kann also nicht mehr passieren. Rund 10.000 EUR werden wohl übrig bleiben. Was machen Sie mit dem Geld?

   a) Ich gebe es so sinnvoll wie möglich für das Projekt aus, um das Budget auszuschöpfen.

   b) Ich spare das Geld ein und weise es als nicht verbrauchtes Budget aus.

   c) Ich lade die Mitarbeiter von dem Geld zu einer Projektfeier ein. Die Projektleistung ist ja Grund genug dafür.

2. Ein Projektmitarbeiter kündigt während des Projekts. Nach seinem Ausscheiden hätte er noch zwei Monate im Projekt tätig sein sollen. Insgesamt sind zwölf Personen im Projekt tätig. Was unternehmen Sie?

   a) Ich suche sofort einen Ersatz, notfalls zu höheren Kosten.

   b) Ich motiviere die anderen, die Arbeit ihres (ehemaligen) Kollegen mitzumachen.

   c) Ich unternehme nichts und lasse ggf. eine Terminverzögerung zu.

3. Nach der Hälfte des Projekts stellen Sie fest, dass Sie das Budget viel zu niedrig geplant haben. Das Projektziel kann so nicht erreicht werden. Auftraggeber ist die Unternehmensleitung. Wie verhalten Sie sich?

   a) Ich beschließe ein Sparprogramm, um den Schaden so gering wie möglich zu halten.

   b) Ich bemühe mich um ein Nachtragsbudget, mache auf die prekäre Lage und die Bedeutung des Projekts aufmerksam.

   c) Ich schränke die Projektziele ein und begründe dies mit der Nichtrealisierbarkeit bei dem vorhandenen Budget.

4. Nach rund zwei Dritteln der Projektlaufzeit zeigt sich, dass Ihre Mannschaft schon fast fertig ist. Was machen Sie?

   a) Ich lasse es den Rest der Zeit langsam angehen und verwende übrig bleibende Gelder für die Fortbildung der Mitarbeiter.

   b) Ich organisiere ein Status-Meeting für alle und treibe die Mitarbeiter zu weiteren Höchstleistungen an.

   c) Ich biete dem Auftraggeber erweiterte Leistungen an, sofern sie sich innerhalb des gesetzten Zeit- und Budgetrahmens verwirklichen lassen.

5. Bei der laufenden Kontrolle stellen Sie fest, dass einer Ihrer Verantwortlichen für eine Projektkostenstelle seine Kosten so gar nicht im Griff hat. Seine Kostenstelle arbeitet aber am besten. Wie gehen Sie mit diesem Kollegen um?

   a) Ich unternehme gar nichts. Die gute Leistung sollte nicht gefährdet werden.

   b) Ich ermahne ihn dringend, sparsamer zu arbeiten.

   c) Ich verteile das Budget so um, dass er in der verbleibenden Zeit weniger Probleme hat.

6. Sie führen ein Projekt für einen externen Kunden durch. Noch lange vor dem offiziellen Abschluss lobt er Sie für die herausragende Projektarbeit. Nutzen Sie diese Situation für weitere Geschäfte?
   a) Ich nutze die Gelegenheit, um den Projektauftrag zu erweitern und das Projektvolumen zu erhöhen.
   b) Ich gebe das Lob an die Mitarbeiter zur allgemeinen Motivation weiter.
   c) Ich sehe dieses Lob als Bestätigung für unsere Arbeit, wir machen aber in Ruhe so weiter.

7. Die Unternehmensleitung fragt Sie, ob Sie in einem parallel laufenden Projekt die Projektleitung übernehmen können. Dort ist ein ausgefallener Projektleiter zu ersetzen. Sie erfahren, dass das Projekt nicht so gut läuft, man sich bereits mehrfach verzettelt hat. Wie entscheiden Sie sich?
   a) Ich sehe diese Aufgabe als Herausforderung und wechsele das Projekt.
   b) Ich lasse mich nicht darauf ein, das Risiko des Scheiterns ist mir zu groß.
   c) Ich biete an, beide Projekte zu leiten, wenn mir ein Assistent an die Seite gestellt wird.

8. Nach einiger Zeit kommen Ihnen Zweifel am Sinn Ihres Projekts. Es kann zwar erfolgreich abgeschlossen werden, aber unklar ist, ob es dem Unternehmen wirklich nutzt. Wie verhalten Sie sich?
   a) Das ist nicht mein Problem, ich ziehe das Projekt so durch.
   b) Ich rede offen mit dem Auftraggeber und biete die Einstellung an.
   c) Ich sage offiziell nichts dazu, ändere aber die Zielsetzung so, dass der Projektnutzen so gut wie möglich steigt.

9. Ein Teilprojekt innerhalb Ihres Projekts hat erhebliche Verspätung. Da es für den Gesamtfortschritt wichtig ist, werden Sie langsam unruhig. Ein Verantwortlicher lässt sich identifizieren. Er fällt regelmäßig falsche Entscheidungen. Wie reagieren Sie?

   a) Ich berufe ihn aus dem Projekt ab und fordere einen Ersatz an.

   b) Ich organisiere seinen Bereich so um, dass er keine wichtigen Dinge mehr entscheiden kann, und übernehme seinen Verantwortungsbereich mit.

   c) Ich rede mit ihm darüber und überwache ihn in der nächsten Zeit verstärkt.

10. Sie bereiten gerade den Antrag für ein neues internes Projekt vor, das Sie leiten wollen. Das Projekt ist Ihrer Überzeugung nach wirklich wichtig und hoch profitabel. Sie wissen, dass andere Projekte bewilligt werden, die wesentlich weniger Ertrag bringen. Wie verhalten Sie sich bei der Budgetplanung?

    a) Ich plane ein höheres Budget ein als eigentlich benötigt. Die Projektrendite soll aber noch über der anderer Projekte liegen. Das überschüssige Budget verwende ich als Reserve.

    b) Ich plane das Budget genauso straff wie immer und weise dafür eine hohe Projektrendite aus.

    c) Ich halte mich bei den angenommenen Projektergebnissen zurück, weil diese unsicher sind. Wichtiger ist die solide Finanzierung.

Auswertung siehe Seite 146.

2 Der erfolgreiche Business-Plan für Projekte

Mit diesem Kapitel fallen wir sozusagen gleich mit der Tür ins Haus. Der Business-Plan ist das zentrale Instrument, um ein Projekt zu vermarkten, das heißt dafür Geld zu bekommen. Natürlich gibt es auch Projekte, für die es keinen Business-Plan gibt, die „von oben" vorgegeben werden, weil sie als notwendig und unstreitig erachtet werden. Aber es gibt auch die Projekte, die auf Ideen einer Fachabteilung, auf Anforderungen eines Kunden o. Ä. basieren.

Die zentrale Frage dieses Kapitels lautet: Wie teilt man dem Geldgeber mit, dass es sich lohnen würde, in das Projekt zu investieren?

Für eine der üblichen Investitionen, z. B. in neue Maschinen, gibt es meist Formulare, die die relevanten Kriterien abfragen und vom Anforderer auszufüllen sind. Diese Formulare funktionieren recht gut, solange es sich um überwiegend standardisierte Objekte und Verfahren handelt, weil dann die Entscheidungskriterien schon bekannt sind. Muss man dann noch den Sinn einer kreativen Projektidee vermitteln, sieht es schon schlechter aus.

Es ist daher sinnvoll, ein Projekt komplett vorzustellen, das heißt die Idee zu vermitteln und die wirtschaftlichen Konsequenzen darzulegen. Dass heutzutage auch eine Risikobetrachtung dazugehört, versteht sich schon von selbst.

Schließlich sollte man auch daran denken, dass ein Projekt selten das einzige ist. Mit der wachsenden Beliebtheit der Projekte in den Unternehmen wächst auch das Problem, einen Überblick darüber zu behalten und zu erkennen, welches eine besondere Priorität genießt. Es geht also auch darum, in der Prioritätenliste der Geschäftsführung eine möglichst hohe Position zu erzielen, um nicht irgendwann zu den Streichkandidaten zu gehören.

Woraus besteht eine solche Vorstellung? Sie finden hier einen möglichen Weg, der insbesondere die finanziellen Aspekte berücksichtigt. Vorab sollten Sie sich die folgenden Fragen stellen:

1. Wer sind die Entscheidungsträger?

Ausgangspunkt ist die Frage, wer eigentlich der Adressat für den Business-Plan ist. Wer gibt das Geld bzw. das O. K.? Ist es die eigene Geschäftsleitung, sind es die Kollegen einer Fachabteilung, ist es ein externer Auftraggeber? Welche Sprache spricht der Auftraggeber? Ist er eher auf kaufmännische Argumente eingestellt oder ist er an den eher technischen Details interessiert?

2. Wie gehen die Entscheidungsträger vor?

Ist der Adressat identifiziert, gilt es herauszufinden, wie er entscheidet. Zum einen ist wichtig, ob sofort oder nach einem umfangreichen Prozedere entschieden wird, zum anderen ist festzustellen, auf welcher Ebene entschieden wird. Sind es die Gesprächspartner oder leiten sie die Informationen nur an ihre Bereichsleitung weiter? Wenn ein komplexes Genehmigungsverfahren durchlaufen wird, ist z. B. der Zeitaspekt zu berücksichtigen. Annahmen über Kosten stimmen vielleicht schon nach wenigen Monaten nicht mehr, Kapazitäten können nicht vorgehalten werden. Dann sind Vorbehalte zu machen. Andererseits: Wenn sofort entschieden wird, müssen die Informationen vollständig und unmittelbar eingängig sein.

3. Welche Argumente interessieren die Entscheidungsträger?

Hier ist zunächst zwischen den **persönlichen Vorstellungen** und den objektiv nachvollziehbaren Argumenten zu unterscheiden. Entscheider haben immer auch individuelle Schwerpunkte, sind unsicher oder besonders sicher, haben persönliches Interesse an dem Projekt oder auch gerade nicht, sind ausgesprochene Zahlenmenschen oder denken eher in qualitativen Dimensionen. Welche Argumente konkret wichtig sind, lässt sich nur sagen, wenn die Entscheider bekannt sind.

Die **objektiven Entscheidungskriterien** sind wesentlich einfacher zu ermitteln, wenn auch oft schwerer zu berücksichtigen. Hier muss analysiert werden, welche Ziele in der Geschäftsführung/beim Kunden/in der Fachabteilung verfolgt werden und wie der aktuelle Stand ist. So kann es sein, dass Kostenvermeidung im Vordergrund steht, die Gewinnung neuer Kunden, die Steigerung der Produktionsqualität usw. Folgende Übersicht listet Fragen auf, die Sie sich in diesem Zusammenhang stellen sollten, bevor Sie die Argumente für das Projekt vorbereiten.

Fragen, die vor der Business-Plan-Erstellung zu bearbeiten sind:

- Welches sind die vorrangigen Geschäftsziele auf Adressatenseite? Gibt es ein Kennzahlensystem (eine Balanced Scorecard), an der sich das Projekt orientieren muss?
- Welche besonderen Probleme bestehen bei der Zielerreichung? Wo ist man besonders erfolgreich?
- Wie steht das Unternehmen/die Abteilung im Vergleich zum Wettbewerb da und welchen Einfluss hat das Projekt darauf?
- Welche Zielgrößen und Kriterien werden regelmäßig als Erfolgskriterien eingesetzt (Rendite, Umsatz, Marktanteil, Kundenzufriedenheit, Stückkosten usw.)?
- Welche weiteren Projekte sind im Einsatz? Wie steht unser Projekt im Vergleich zu diesen da (Bedeutung bezüglich Wirtschaftlichkeit, Nutzen)?

- Aufgrund welcher Schwierigkeiten sind in der Vergangenheit Projekte gescheitert?
- Worin könnten die wesentlichen Projektrisiken gesehen werden? In welchen Punkten gibt es ein besonderes Misstrauen?
- Kann das Projekt für die Entlohnung der Entscheidungsträger relevant sein?

4. Worin sehen wir die besonderen Stärken/Vorteile unseres Projekts?

Natürlich darf man nicht nur an die anderen denken, sondern muss sich auch darüber im Klaren sein, was das eigene Projekt zu bieten hat. Nach den ersten drei Schritten sollte es leicht fallen, in der Denkweise der Geld-/Auftraggeber den Nutzen des eigenen Projekts zu erklären. Wichtig ist, dabei keine einschlägigen Kenntnisse vorauszusetzen (davon gibt es sicher Ausnahmen, etwa wenn Informatiker unter sich sind, aber es ist nicht die Regel), sondern so einfach wie möglich zu erklären.

Argumentieren Sie einfach und verständlich!

Auch wenn der eine oder andere sich von mehr oder weniger unverständlichen technischen Details beeindrucken lässt und sich nicht nachzufragen traut, was das denn eigentlich bedeutet, sollte man es den Adressaten möglichst einfach machen. Ein Projekt, das auf der Basis einer ganz einfachen Argumentation sinnvoll erscheint, ist es meistens auch, und vor allem ist es viel glaubwürdiger. Denken Sie daran: Sie wirken nicht lächerlich, wenn Sie auf Fachjargon verzichten.

Bevor die Projektvorteile in den Business-Plan übernommen werden, sollten sie kurz in einfachen Worten notiert werden, um zu sehen, ob sie nachvollziehbar sind. Wenn sich Fragen ergeben, müssen Erläuterungen in den Plan aufgenommen werden.

Die Elemente des Business-Plans

Nach diesen Vorarbeiten kann nun der Business-Plan erstellt werden. Der Umfang sollte sich am Projektvolumen orientieren. Bei kleinen Projekten sollte es möglich sein, sie auf max. sechs Seiten zu erläutern, größere können auch 20 Seiten in Anspruch nehmen. Auch wenn dann meist immer noch nicht alle für den Antragsteller wichtigen Punkte dargelegt werden können: Ein Projekt, das nach 20 Seiten noch nicht plausibel erscheint, schafft es auch nach 25 Seiten nicht.

Der folgende Vorschlag basiert auf einer achtseitigen Präsentation.

Business-Plan

Projekttitel

Projektzeitraum

Antragsteller

vorgestellt ... am ...

1

Projektsteckbrief

Bezeichnung

Zweck (kurze Beschreibung)

wirtschaftlicher/technischer Nutzen (was, wie viel, für wen?)

voraussichtlicher Kapazitätsbedarf (Manntage/-jahre, Maschinenzeiten, Räume usw.)

voraussichtliche Kosten

Durchführende (Projektteam, betroffene Abteilungen, Externe usw.)

ggf. Genehmigungsinstanzen, Anforderer

2

Problemsituation

Beschreibung der aktuellen Problemsituation (vorhandene Mängel, bekannte Ineffizienzen, Folgekosten aufgrund technischer Fehler)

Marktsituation (ggf. Hinweis auf nachlassende Kundenzufriedenheit, bessere Wettbewerbsangebote, steigende Reklamationsquoten, sich verändernde Anforderungen)

falls relevant: rechtliche Erfordernisse (z. B. Gesetzesänderungen, wachsende Haftungsrisiken)

Problembewertung mit Hilfe von Kostenschätzungen (aktuelle Aufwendungen zur Problembeseitigung, erwartete Ausgabensteigerungen, ggf. Belastung zentraler Bereiche im Unternehmen usw.)

ggf. Beitrag des Projekts zur Ertragssteigerung (Mehrumsatz, Kostensenkung, Qualitätssteigerung usw.)

3

Lösungsansatz

kurze Beschreibung der Problemlösung durch das Projekt, z. B.:

- Welche Leistung erbringt das Projekt zur Behebung der Problemsituation?
- Wie kann der Umsatz durch die Projektleistung gesteigert werden?
- Wie können die Kosten durch die Projektleistung gesenkt werden?
- Wie verändert sich die Position gegenüber dem Wettbewerb bzw. den Kunden durch die Projektleistung?
- Warum kann die Leistung nicht anders (durch Linieninstanzen) erbracht werden?

4

Projektbeschreibung

kurze Beschreibung der Vorgehensweise:

- Welche Tätigkeiten sind erforderlich?
- In welcher zeitlichen Abfolge wird das Projekt bearbeitet?
- Wie viele und welche Personen werden benötigt? Wie verteilt sich der Personalbedarf über die Projektdauer?
- Welche weiteren Ressourcen werden eingesetzt?
- Wann können Zwischenergebnisse kommuniziert werden (Meilensteine mit kurzer Definition)?
- Welche Abteilungen bzw. Externe sind involviert?

5

Finanzplan

	Jahr 1	Jahr 2	Jahr 3	Jahr 4	Jahr 5	Jahr 6
Projektausgaben						
Projekteinnahmen						
Saldo						
Investitionen						
Mehreinnahmen/ Ersparnis						

Hier wird angegeben, welche Ausgaben für das Projekt vorgesehen sind, ggf. auch welche Einnahmen in Frage kommen. Dazu kommen ggf. die Investitionen, die außerhalb des Projekts an sich relevant sind. Schließlich werden die zu erwartenden wirtschaftlichen Vorteile nach Projektabschluss angegeben.

6

Projektrisiken

Darstellung der Faktoren, die einer erfolgreichen Projektdurchführung im Wege stehen könnten.

Beispiele:

- nicht rechtzeitig/ausreichend vorhandene Ressourcen
- keine erfolgreiche Lösung technischer Probleme
- Terminüberschreitungen
- Änderungen der Projektspezifikationen
- neue Lösung im Wettbewerbsumfeld vorhanden
- relevante Kunden gehen verloren

7

Ablaufplan

Datum Go-Entscheidung

Beginn Projektvorbereitungen

Beginn Projektarbeiten

Meilenstein 1

Meilenstein 2

...

Vorstellung Projektergebnis

praktische Umsetzung

8

Das Business-Plan-Konzept soll nun anhand eines Projekts konkret dargestellt werden, das gegenwärtig in sehr vielen Unternehmen in dieser oder ähnlicher Form realisiert wird. Dabei geht es um die Einführung einer Balanced Scorecard, das heißt eines Instruments zur Steuerung des Unternehmens anhand von Kennzahlen, die sich den Bereichen Finanzen, Kunden, interne Prozesse sowie Lernen und Entwicklung (Mitarbeiter) orientieren (siehe dazu auch Kapitel 6). Dieses Konzept ist insofern neu, als es eine Abkehr von der sonst oft üblichen Ausrichtung der Steuerung an rein finanziellen Größen bedeutet. Für die einzelnen Abteilungen und Mitarbeiter bedeutet dies eine Gewöhnung an neue Zielgrößen, ein verändertes Berichtswesen und im einen oder anderen Fall auch veränderte Schwerpunkte der Tätigkeit.

Eine Balanced Scorecard umzusetzen ist ein langwieriger Prozess, weil umfangreiche Vorarbeiten nicht nur zur Datenermittlung, sondern auch zur Schulung der Betroffenen und zur Bestimmung der relevanten Steuerungsgrößen überhaupt erforderlich sind. Dazu müssen Projekte initiiert werden, die in der Regel von einem Vertreter des Controlling, einem Coach oder einem externen Berater geleitet werden. Diese koordinieren die in den jeweiligen Abteilungen erforderlichen Arbeiten und sorgen auch dafür, dass entsprechend geeignete Mitarbeiter für die Projektarbeit abgestellt werden. Meist ist nur eine oder sind wenige Personen in Vollzeit in dem Projekt beschäftigt.

Der folgende Business-Plan zeigt, wie für ein Balanced Scorecard-Projekt geworben werden kann.

Business-Plan

Einführung einer Balanced Scorecard
auf Unternehmensebene

Projektzeitraum: August 2003 - Oktober 2004

Antragstellerin:
Kerstin Bergmann, Leiterin Zentrales Controlling

vorgestellt der Geschäftsleitung am 24.6.2003

1

Projekt-Steckbrief

Einführung einer Balanced Scorecard auf Unternehmensebene

Zweck: Die Einführung einer Balanced Scorecard fördert eine ausgeglichene Unternehmensführung, bei der die Abhängigkeit des finanziellen Erfolgs vom Erfolg bei den Kunden, den Prozessen und der Leistung der Mitarbeiter berücksichtigt wird.

Nutzen: Balanced Scorecards ermöglichen es, den Unternehmenserfolg auf eine langfristige, stabile Basis zu stellen. Renditesteigerungen sind schwer zu schätzen, werden aber von Unternehmen mit Scorecard berichtet.

Voraussichtlicher Kapazitätsbedarf: für die Projektleitung ca. 1 Mannjahr (ca. $\frac{3}{4}$ der Arbeitszeit) zzgl. ca. 300 Manntage in den Abteilungen, keine zusätzlichen Büros o. Ä.

Voraussichtliche Kosten: Personalkosten ca. 240.000 EUR (kalkulatorisch) zzgl. ca. 50.000 EUR Material, Kommunikation, Reisen

Durchführende: Zentrales Controlling

Genehmigungsinstanz: Geschäftsleitung

2

Problemsituation

In der Vergangenheit wurden häufig Probleme im Unternehmen festgestellt, die auf eine zu kurzsichtige Zielverfolgung zurückzuführen sind. Verschiedene Kostensenkungsprogramme führten zwar zunächst zu einer Steigerung des Gewinns, dann aber zu verstärkten Aufwendungen für Fehlerbehebung und Reklamationsbearbeitung. In vielen Fällen wurde auch eine unangemessene Unterstützung von Vorhaben durch Mitarbeiter, Budgets und Informationen festgestellt. Eine bessere Koordination wurde mehrfach angemahnt.

Seitens der Geschäftsleitung wurden auch verschiedentlich Maßnahmen zur Verbesserung der Rentabilität initiiert, die aber wesentlich mehr Zeit benötigten als geplant. Dies betraf beispielsweise die Optimierung von Zahlungsprozessen in der Buchhaltung.

Die Balanced Scorecard soll u. a. auf die genannten Problembereiche ausgerichtet werden und zuverlässig Abhilfe schaffen.

3

Lösungsansatz

Die Balanced Scorecard ermöglicht es, nicht nur die genannten Maßnahmen, sondern auch die Steuerung allgemein zuverlässiger und transparenter zu gestalten. Durch ein übersichtliches und kompaktes Kennzahlensystem können alle Ebenen schnell über die aktuelle Lage der Zielerreichung informiert werden. Die Geschäftsleitung weiß dadurch auch Bescheid, wie der Stand in welchen Bereichen ist. Im Rahmen des Projekts soll unter Mitwirkung der Geschäfts- und Abteilungsleitungen bestimmt werden, welche Steuerungsgrößen wirklich benötigt werden. Dazu wird die Einbeziehung der genannten Hierarchieebenen benötigt. In den einzelnen Abteilungen kann eine Verfeinerung des Ansatzes vorgenommen werden. Das Zentrale Controlling wird dafür verantwortlich sein, dass das Projekt in den Abteilungen unterstützt wird, und vor allem die Moderation in den Workshops übernehmen. Ebenso wird Hilfestellung bei der Arbeit mit den Daten gegeben. Gegenüber einer Zusammenarbeit mit Externen sind vor allem die besseren Kenntnisse der Unternehmenssituation und die Kosten als Vorteil zu nennen.

4

Projektbeschreibung

Die Einführung der Scorecard soll in folgenden Schritten erfolgen:

1. Information aller beteiligten Führungskräfte im Rahmen eines groß angelegten Workshops (Kick off-Meeting).
2. Entwicklung der ersten Scorecard in Zusammenarbeit mit den Abteilungsleitungen.
3. Abstimmungen und Verfeinerungen, erste Tests.
4. Verabschiedung der ersten Scorecard.
5. Begleitung der Umsetzung und Prüfung des Einsatzes.

Über die gesamte Projektdauer wird die Leitung des Zentralen Controlling zur Verfügung stehen (neben der Abteilungsleitung), Finanzierung aus Projektmitteln. Für die einzelnen Entwicklungs- und Umsetzungsprojekte müssen Mitarbeiter in den Abteilungen bereitgestellt werden. Einsatz nach Aufwand. Kosten werden kalkulatorisch erfasst u. d. Projekt zugerechnet.

Zusätzlicher Finanzbedarf: für sonstige Ausgaben ca. 50.000 EUR.

Als Berichtsinstrument wird ein zweimonatlicher Fortschrittsbericht vorgeschlagen. 5

Finanzplan

Jahr	1	2	3	4	5
Projektausgaben	80.000	210.000	20.000	20.000	20.000
Projekteinnahmen	-	-	-	-	-
Saldo	- 80.000	- 210.000	- 20.000	- 20.000	- 20.000
Investitionen	-	-	-	-	-
Mehreinnahmen/ Ersparnis		Mehreinnahmen durch höhere Kundenzufriedenheit, geringere Verwaltungskosten usw.			

Um die Scorecard auch nach Projektabschluss einsetzen zu können, ist ein kontinuierlicher Zusatzaufwand erforderlich (Datenbeschaffung und -auswertung, Umsetzung). Da der Nutzen das Unternehmen insgesamt betrifft, ist eine verlässliche Schätzung nicht möglich.

6

Projektrisiken

Die Umsetzung steht und fällt mit der Unterstützung der Abteilungen. Gewisse Widerstände sind anzunehmen, weil „Leichen im Keller" gefunden werden. Die Unterstützung der Geschäftsleitung ist daher erforderlich.

Die Datenbeschaffung ist oft problematisch, weil gewünschte Informationen nicht vorhanden sind. Möglicherweise kann das Projekt nicht in der angestrebten Form realisiert werden oder sind zusätzliche Kosten zu tragen.

Da die Projektmitglieder nur an einzelnen Terminen teilnehmen, bestehen Konflikte mit dem Alltagsgeschäft. Verzögerungen durch unvorhersehbaren gesteigerten Arbeitsanfall sind möglich.

7

Ablaufplan

Datum Go-Entscheidung: 15.7.2003

Beginn Projektvorbereitungen: 21.7.2003

Beginn Projektarbeiten: 4.8.2003

Meilenstein 1 - Ergebnis erster Workshop: 16.9.2003

Meilenstein 2 - Entwurf erste Scorecard: 4.4.2004

Meilenstein 3 - Verabschiedung erste Scorecard: 16.6.2004

Vorstellung Projektergebnis mit ersten Erfahrungen: 6.10.2004

Dokumentation der praktischen Umsetzung: jeweils zum Quartalsbeginn

8

Statt einer Zusammenfassung hier noch einige Regeln, wie man es auf jeden Fall nicht machen sollte:

Regeln für einen schlechten Business-Plan

- Seien Sie ausführlich. Beantworten Sie in Ihrem Business-Plan jede Frage, die Ihnen einfällt. Zeigen Sie Ihren Zuhörern dadurch, dass Sie über mehr Wissen verfügen als sie alle zusammen und Sie sie eigentlich als kritische Distanz nicht benötigen.
- Rechnen Sie Planzahlen genau durch, selbst wenn es um Materialausgaben in vier Jahren geht. Glatte Zahlen sind immer ein Indikator von Schlamperei und müssen vermieden werden.
- Betonen Sie die vorhandenen Schwächen im Unternehmen, die Ihr Projekt notwendig erscheinen lassen. Gehen Sie nicht zu sehr auf Vorteile und Perspektiven durch das Projekt ein. Sie gelten sonst nur als Träumer und werden nicht ernst genommen. Jeder möchte sehen, wie schlecht es um seinen Betrieb steht.
- Gehen Sie wie ein sicherer Sieger ins Rennen. Gerüchte, dass auch andere Projekte auf der Suche nach einem Geldgeber sind, stellen sich doch meist als Gerüchte missliebiger Kollegen heraus.
- Wenn Sie einen Projektantrag vortragen, dann beschränken Sie sich am besten auf Folien. Ihre Zuhörer studieren den ganzen Tag nur Berichte und verstehen nichts anderes. Eine konkrete Kundensituation oder eine Demonstration in der Produktion würde niemand verstehen, ganz abgesehen von den Kosten.
- Argumentieren Sie möglichst so, wie es Ihnen selbst am sinnvollsten erscheint. Vermitteln Sie damit auch etwas von Ihrer persönlichen Sichtweise und Ausbildung. Verstehen Sie sich auch als Botschafter Ihres Fachs.

3 Der Aufbau einer Projektkostenrechnung

Die Grundlage einer kaufmännischen Projektplanung sind verlässliche Daten über die Ausgaben und Einnahmen vor, während und nach der Projektlaufzeit. Nicht selten passiert nicht viel mehr, als dass nach Projektabschluss Belege sortiert und Listen aus dem Gedächtnis ausgefüllt werden, um doch noch einen gewissen Überblick über den Projekterfolg zu erhalten. Der Grund dafür ist oftmals das Fehlen konkreter Anweisungen und Schemata, um insbesondere die Ausgaben kontinuierlich zu erfassen. In diesem Kapitel geht es um den Aufbau einer Kostenrechnung für Projekte, die eine kontinuierliche Kontrolle auf recht einfache Weise ermöglicht.

3.1 Einige Grundbegriffe: Kosten und Ausgaben

Vielleicht haben Sie schon einmal eine Diskussion über die Frage mitbekommen, ob für die laufende Steuerung im Projekt oder Unternehmen Daten des Controlling oder solche der Buchhaltung verwendet werden sollen. Normalsterbliche können sicher auch ganz gut leben, ohne sich darüber den Kopf zu zerbrechen, aber für Controller ist diese Frage eine der wichtigsten überhaupt. Und für Sie als Projektleiter letztlich auch, weil Sie damit jeweils unterschiedlich umgehen müssen.

Nehmen wir dazu ein Beispiel: Für Ihr Entwicklungsprojekt, das eine Laufzeit von mehreren Jahren haben soll, kaufen Sie ein Analysegerät. Dieses schlägt zum Projektbeginn mit 18.000 EUR zu Buche, wird aber über die ganze Projektdauer eingesetzt. Aus Buchhaltungssicht wird Ihr Projektetat im ersten Monat (oder Jahr, je nach Detaillierungsgrad) mit 18.000 EUR belastet. Möglicherweise wird damit ein „Verlust" ausgewiesen, eine Budgetüberschreitung o. Ä. Die Ausgabe ist aber tatsächlich getätigt worden, insofern sind die Zahlen auch nicht falsch.

Aus Controllingsicht werden diese 18.000 EUR jedoch anders behandelt. Controller interessieren sich für Kosten, nicht für Ausgaben, das heißt, sie fragen nicht, wann tatsächlich Geld ausgegeben wurde. Sie interessieren sich aber dafür, wann das Gerät benutzt wird, und rechnen dann anteilige Beträge als Kosten zu. Wenn das Projekt beispielsweise 36 Monate dauert und das Gerät kontinuierlich eingesetzt wird, dann entstehen pro Monat Kosten von 500 EUR bzw. pro Jahr von 6.000 EUR. Die Monatsergebnisse würden somit gleichmäßig belastet. Dies entspricht in aller Regel viel eher den realen Nutzungsverhältnissen, zumal ja auch noch ganz unterschiedliche Formen der Bezahlung (Kreditfinanzierung, Leasing, Zahlungsziele) im Spiel sein könnten, mit denen das Projekt nun wirklich nichts zu tun hat.

Eine ähnliche Überlegung kann man anstellen, wenn man an weitere Verwendungen des Geräts nach Projektabschluss denkt. Kann es weiterverwendet werden, kann und muss dies in Form von Kosten den Projekten zugerechnet werden. Sonst würden sie sich letztlich auf Kosten des ersten bereichern (nur rein rechnerisch, versteht sich). Das ist aber nicht erstrebenswert.

Es ist aber äußerst schwierig, einen gerechten Kostensatz zu bestimmen. Wird das Gerät nun drei Jahre oder fünf genutzt? Kann es parallel in anderen Projekten eingesetzt werden? Lässt es sich nach Projektende wieder verkaufen? Solche Fragen gibt es zwar auch im „Normalfall", also ohne Projektbezug, sie spielen hier aber eine weit größere Rolle. Ein weiteres Beispiel wird auf Seite 36 dargestellt.

Dadurch wird mitunter eher eine **Projektbuchhaltung** als eine Projektkostenrechnung eingerichtet. Das heißt vereinfacht gesagt: Wenn die Buchhaltung eine Ausgabe für das Projekt verbucht, dann wird der Betrag auch so dem Projekt zugerechnet, tagesgenau und in voller Höhe.

Die Projektbuchhaltung klammert also einzelne Probleme aus, ist als Entscheidungsgrundlage nur eingeschränkt brauchbar. Wir werden daher im Folgenden schwerpunktmäßig auf die **Kostenrechnung** eingehen.

In praktisch jedem Unternehmen gibt es eine Kostenrechnung. Sie ist in der Lage zu ermitteln, welche Kosten wo und für welches Produkt entstanden sind. Und damit ist sie auch Grundlage der Preisbestimmung.

Eine Kostenrechnung aufzubauen ist mit Arbeit verbunden. Man muss systematisieren,

- welche Kosten es überhaupt gibt,
- an welchen Orten Kosten anfallen und
- welchen Produkten und Leistungen Kosten zugerechnet werden können.

Für den ersten Teil ist die **Kostenartenrechnung** zuständig, für den zweiten die **Kostenstellenrechnung** und für den dritten die **Kostenträgerrechnung**. Ein Projekt benötigt üblicherweise genau zwei davon. Die Kostenträgerrechnung erübrigt sich meist, weil es nur einen Kostenträger (eben das Projekt) gibt. Anders ist es etwa bei mehreren vernetzten Projekten bzw. beim Teilverkauf einzelner Projektleistungen. Dann könnte auch die Aufschlüsselung nach einzelnen Kostenträgern erforderlich sein.

Was sind Kosten, was nicht?

Bevor wir mit der Kostenrechnung beginnen, müssen wir noch einen kleinen Blick auf den Kostenbegriff selbst werfen. Was gehört zu den Kosten, was nicht? Angenommen, Sie feiern zur Mitte des Projekts ein „Bergfest“ mit Ihren Kollegen und zahlen Speisen und Getränke aus der Projektkasse. Entstehen dann Kosten für das Projekt? Dass Essen und Trinken etwas kostet, ist dabei unerheblich, entscheidend ist die betriebswirtschaftliche Qualifikation als Kosten. Darunter werden betriebliche Aufwendungen verstanden, so dass zu fragen ist, ob es sich um einen Betriebs- bzw. hier eher Projektzweck handelt. Gehört Feiern zum Zweck des Projekts? Sicher nicht, wenn auch mit positiven Effekten für die Motivationslage zu rechnen ist. Im Großen und Ganzen muss man es aber ablehnen, diese Ausgaben zu den Kosten zu zählen, die dem Projekt zugerechnet werden und seine Erfolgsbilanz beeinflussen.

Es gibt weitere Arten von Ausgaben, die nicht den Kosten zugeordnet werden, etwa einmalige Aufwendungen zur Beseitigung von Unwetterschäden. Hierbei spielt der Zufall eine so große Rolle, dass man unmöglich eine solche Position in einer Projektkalkulation rechtfertigen könnte. Entscheidend bei der Frage „Kosten oder nicht?“ ist letztlich, **ob die Ausgaben durch und für den Projektzweck verursacht wurden**. Alles andere bleibt außen vor, treibt damit den Preis nicht in die Höhe, führt aber auch nicht zu einer ungerechtfertigten Belastung des Projektbudgets.

Bleibt also festzuhalten, dass nicht alle Ausgaben als Kosten betrachtet werden, damit nicht in die Kalkulation eingehen und letztlich aus erzielten Überschüssen (Gewinn) bezahlt werden müssen. Die Projektleitung muss gelegentlich diese Filterung durchführen.

Sehen wir uns als Übersicht einen Vergleich der Unternehmens- und der Projektkostenrechnung an (Bild 3.1 und 3.2).

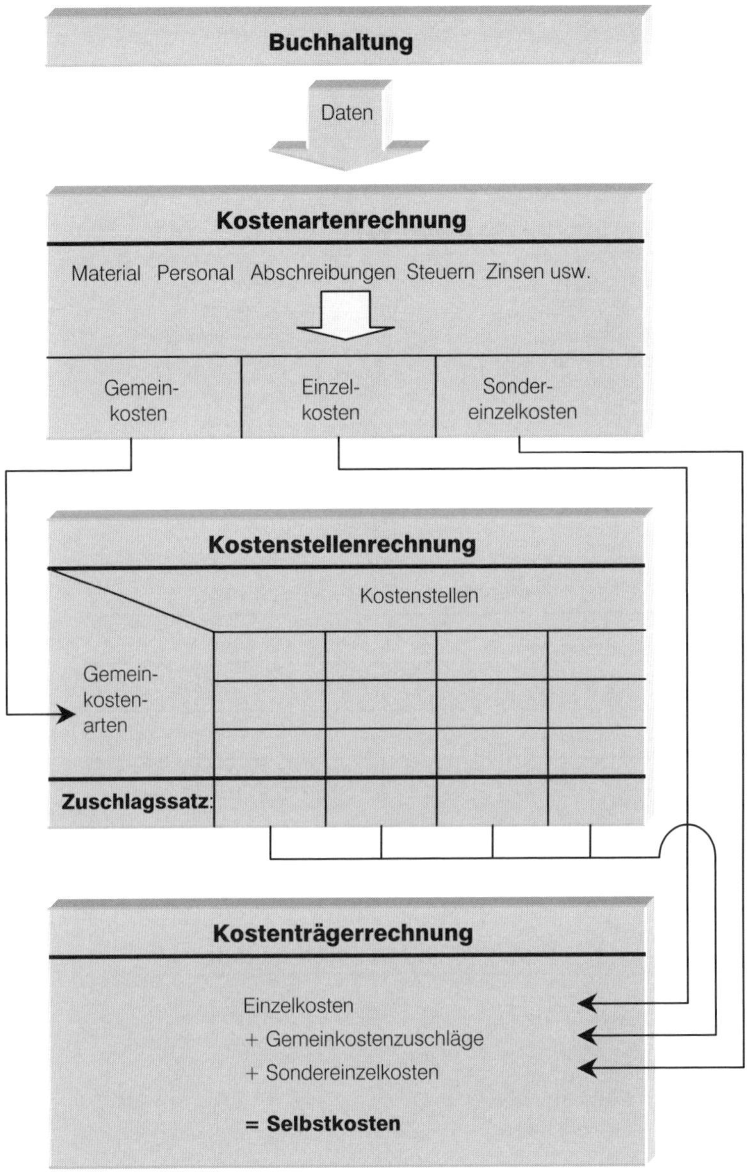

Bild 3.1: Übersicht Unternehmenskostenrechnung

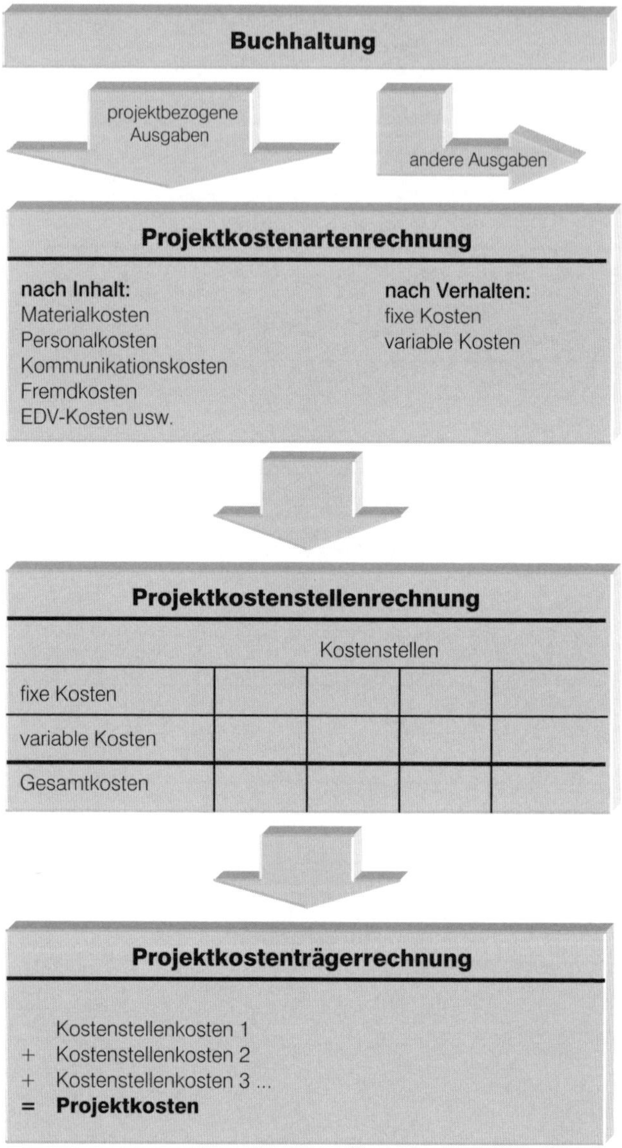

Bild 3.2: Übersicht Projektkostenrechnung

3.2 Erster Schritt: Die Projektkostenarten erfassen

Wir beginnen mit einer Inventur der Kostenarten. Nachdem die „Nicht-Kosten" herausgefiltert wurden, ist nun zu entscheiden, welche Kostenarten es überhaupt gibt. Dies ist notwendig, um Kosten überhaupt erst erfassen und dann analysieren zu können. Vielfach sind die Kostenarten auch Grundlage der Projektbudgetierung.

Da Projekte jeweils höchst unterschiedlich aussehen können, ergeben sich auch unterschiedliche **Kostenarten**, die erfasst werden müssen:

1. Angenommen, Ihr Projekt besteht aus der Beratung eines externen Kunden. Sie haben dafür zwei Mitarbeiter zur Verfügung, die meist beim Kunden tätig sind. Welche Kostenarten sind dann wichtig?

   Vor allem spielen die Reisekosten eine Rolle. Zum einen erreichen sie oft ungeahnte Höhen, zum anderen ergibt sich oft auch ein Streit darüber. Deswegen sollten von vornherein entsprechende Kostenartenkategorien gebildet werden, die zumindest Transparenz schaffen. Sie einfach den Personalkosten zuzuschlagen kann unnötige Missverständnisse schaffen. Zudem ist die Abrechnung einfacher, weil Personalkostensätze unstreitig sind, Reisekosten aber eher nicht.

2. Nehmen wir in einem anderen Fall an, es soll eine Auftaktveranstaltung für die Einführung eines neuen Anreizsystems im Vertrieb durchgeführt werden. Die Projektkosten sind hier stärker technisch bestimmt (Raummiete, Musikanlage, Bewirtung usw.), Personalkosten beziehen sich auf einmalige Auftritte Externer (Moderator, ggf. Entertainer, Showeinlage usw.). Insofern müssen ganz andere Kostenarten erfasst und beobachtet werden als im ersten Beispiel.

Die erste Aufgabe besteht für die Projektleitung also darin, die relevanten Kostenarten zu ermitteln und in eine übersichtliche Form zu bringen. Erster Anhaltspunkt können Checklisten sein, die vielleicht schon früher entwickelt wurden, um bei der Organisation nichts zu vergessen. Hieraus lassen sich die wesentlichen Kostenarten ablesen. Tab. 3.1 zeigt für die o. g. Beispiele eine mögliche Kostenartengliederung.

Bestimmte Positionen tauchen auf beiden Seiten auf, werden jedoch unterschiedlich detailliert erfasst. Beispielsweise sind Bürokosten für die Organisation der Veranstaltung, wozu der Büroraum der Projektleitung, Porto- und Telefonausgaben u. Ä. gehören, hier relativ gering, so dass sie nur als eine Position auftauchen. Eine stärkere Untergliederung würde zusätzliche, nicht unbedingt gerechtfertigte Kosten verursachen. Für das Beratungsprojekt sind solche Kosten wesentlich bedeutender, außerdem möchte der externe Kunde vielleicht auch eine nähere Aufschlüsselung haben. Daher werden auch die Detailpositionen erfasst.

3.3 Zweiter Schritt: Die Projektkostenstellen einrichten

Mit der Auflistung der Projektkostenarten wurde ein erster Schritt in Richtung Transparenz und Steuerbarkeit unternommen. Für eher kleine und einfache Projekte reicht dies häufig aus, etwa wenn es um einmalige Aktionen wie z. B. die bereits erwähnte Veranstaltung geht. Die meisten Kosten fallen dabei nämlich genau einmal an (das Honorar für die Moderatorin wird einmal gezahlt, die Raummiete fällt einmal an usw.). Das Projekt wäre auf dieser Basis schon kalkulierbar.

Viele Projekte machen uns hier jedoch einige Striche durch die Rechnung. So kann es nämlich auch wesentlich komplizierter zugehen, nämlich, wenn mehrere Teilprojekte nebeneinander her laufen bzw. ein Projekt in mehrere Teilphasen unterschieden werden kann.

Projekt Beratung		**Projekt Veranstaltung**	
Personal		Raum-/Hallenmiete	
– Gehalt		Nebenkosten Räume/Halle	
– Zusatzkosten		Verpflegung	
Reisekosten fremd		Honorar Musik	
km-Pauschalen		Honorar Moderation	
Bewirtung		Honorar Fotograf	
EDV-Kosten		Raum-/Hallenausstattung	
zentrale Dienste		Bühnenkosten	
Raumkosten		Lizenzabgaben	
Porto/Kommunikation		Reisekosten	
Büromaterial		Porto/Kommunikation	
Büroausstattung		Reinigung	
Fremde Dienstleister		Energie	
Fortbildung/Fachliteratur		Bürokosten	
Sonstiges		Personalkosten Projektleitung	
		Druckkosten	
		Sonstiges	

Tab. 3.1: Kostenartengliederungen für zwei Projekte

Im herkömmlichen System der Kostenrechnung, also beim Unternehmen mit Liniensystem, sind Kostenstellen die Orte der Kostenverursachung. Hier werden die Kosten erfasst, die eine Abteilung verursacht und die üblicherweise nicht eindeutig einem Kostenträger zugeordnet werden können. Ein Beispiel ist die Personalabteilung. Sie ist räumlich und funktional abgegrenzt und es können ihr unterschiedliche Kostenarten zugerechnet werden (Gehalt, Energie, Miete,

Computer usw.). Da aber nicht jedes Produkt dieses Unternehmens eine eigene Personalabteilung hat, was auch völlig unlogisch wäre, muss ein gewisser Anteil dieser Kostenstellenkosten auf jedes Produkt verrechnet werden. Dazu werden meist prozentuale Zuschlagssätze auf die Herstellkosten berechnet. In der Herstellung teurere Produkte tragen dann einen höheren Anteil an Personalkosten als billigere.

In der Projektkostenrechnung hat die Kostenstellenbildung eine etwas anders gelagerte Funktion. Hier gibt es meist nur einen Kostenträger, nämlich das Projekt als Ganzes. Über Zuschlagssätze muss man sich keine Gedanken machen, weil das Projekt alle in seinem Rahmen anfallenden Kosten tragen muss. Es gibt auch keine Projektabteilung, die gleichzeitig für andere arbeitet und diesen Kosten weiter berechnen kann.

Es gibt aber trotzdem ein Transparenz- und Kontrollbedürfnis für einzelne Aktionsbereiche. Dieses besteht ja auch bezüglich der Termine, die durch einen Netzplan geplant und überwacht werden können.

Kostenstellen – Konten

Wir arbeiten hier mit dem Begriff Kostenstellen, während teilweise auch Konten verwendet werden. Im Prinzip läuft das jeweils aufs Gleiche heraus. Der Unterschied steckt eher im Detail: Konten kommen aus der Buchhaltung und sind für ein Projekt der Sammelposten für Ausgaben einer bestimmten Kategorie. Kostenstellen kommen aus dem Controlling und sind nicht nur ein Sammelplatz für Ausgaben (bzw. Kosten), sondern auch ein Verantwortungsbereich. Sie können auch umfangreicher gefasst sein als Konten. Die Kostenstellenverantwortlichen sorgen für effizientes Arbeiten und Planeinhaltung. Es steckt also inhaltlich mehr dahinter.

Beispiel zum Aufbau einer Projektkostenrechnung

Ein Unternehmen startet ein Projekt zum Aufbau eines Call Centers für die Kundenbetreuung. Insgesamt wird mit einer Dauer von etwa 18 Monaten gerechnet, von der Planung bis zum erfolgreichen Betrieb. Das Aufgabenspektrum ist höchst unterschiedlich, umfasst die Entwicklung eines Programms für die Call Center-Mitarbeiter, deren Akquisition und Schulung, die Einrichtung von Räumlichkeiten sowie die Anpassung der innerbetrieblichen Prozesse. Ein solches Projekt erfordert nicht nur eine Gesamtverantwortung, sondern auch Teilverantwortungen für die einzelnen Aufgabenbereiche. Und diese bedürfen der Steuerung, sowohl für sich selbst als auch für die Gesamtprojektleitung. Sie haben auch mit ganz anderen Kostenstrukturen und -arten zu tun.

Diese Anforderungen lassen sich durch die Einrichtung von **Projektkostenstellen** erfüllen. Sie bilden die Kosten eines Teilprojekts ab und geben dem dafür Verantwortlichen ein Instrument zur Steuerung an die Hand. Die Gesamtprojektleitung kann sich dann auf die Gesamtdaten der Projektkostenstellen konzentrieren und entsprechend den Überblick behalten.

Für unser Beispiel des Call Centers kommen die folgenden Projektkostenstellen in Frage:

1. Projektleitung
2. Raumbeschaffung
3. Softwareentwicklung
4. Mitarbeiterschulung/-training.

Dies wäre etwa eine Mindesteinteilung, die je nach Aufgabendefinition und Budgetrahmen auch weiter detailliert werden kann. Entscheidend ist dabei auch, für jede Kostenstelle einen Verantwortlichen zu bestimmen.

Das Projekt sieht in **Netzplandarstellung** wie im Bild 3.3 gezeigt aus. Die Schulung wird in zwei Phasen unterteilt, weil sie nur zum Teil von der zu entwickelnden Software abhängig ist.

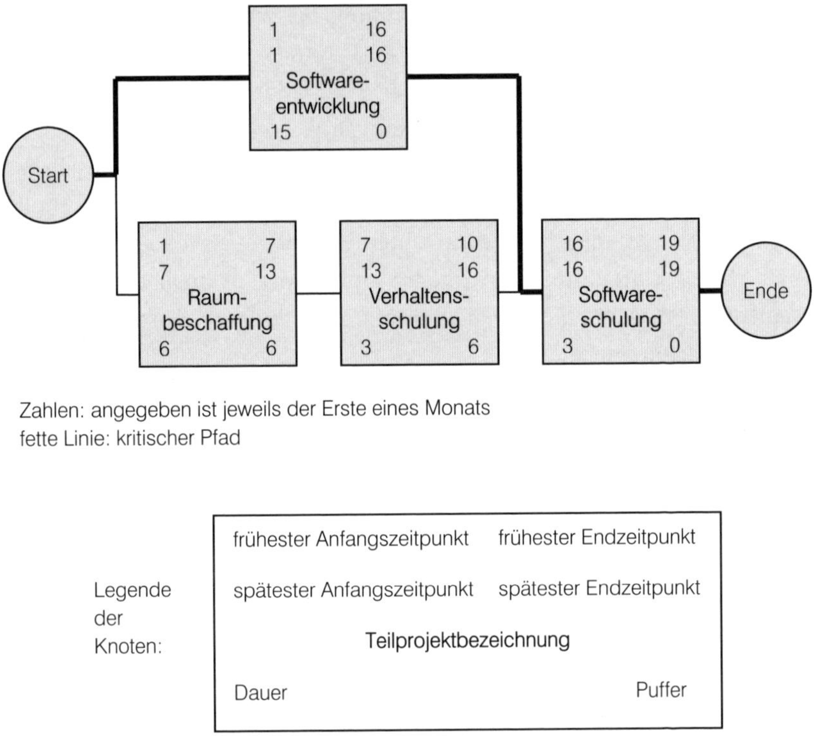

Bild 3.3: Projektdarstellung als Netzplan

Das Projekt ist hiernach nach 18 Monaten (zum 1. des 19. Monats) abgeschlossen. Die Gesamtdauer wird bestimmt durch die Dauer der Softwareentwicklung inklusive der anschließenden Schulung. Die Raumbeschaffung und Verhaltensschulung (Telefontraining, Kundenorientierung usw.) können während der Softwareentwicklung erfolgen. Hier besteht sogar ein Puffer von sechs Monaten.

Der Bereich Schulung wird in zwei Teilprojekte zerlegt, weil dadurch drei Monate eingespart werden können. Prinzipiell könnten auch zwei Projektkostenstellen gebildet werden. Da aber die gleichen Personen eingesetzt werden, wird nur eine Kostenstelle definiert. Getrennte Kostenstellen sind immer dann sinnvoll bzw. erforderlich, wenn Teilprojekte parallel ablaufen (können) und/oder eine unterschiedliche Kostenstruktur aufweisen. Bild 3.4 gibt nun einen Überblick über die Kostenstellen des Projekts.

Bild 3.4: Kostenstellenstruktur des Projekts „Call-Center-Einrichtung"

Für die Projektkostenstellen wird dann jeweils ein Erfassungsformular oder besser eine Datei (bei Abrechnung über Software) erstellt, die die dafür anfallenden Kosten erfasst und mit Vorgabewerten (Budgets) vergleicht sowie Abweichungen ermittelt. Der Übersichtlichkeit halber soll hier zunächst nur eine einfache Version von Kostenstellenformularen gezeigt werden (siehe Tab. 3.2 bis 3.6 auf den folgenden Seiten). Detailliertere Formulare mit weiter gehenden Auswertungsmöglichkeiten werden später noch (im Kapitel 7: Projektkontrolle) vorgestellt.

Projektkostenstelle Projektleitung			
Kostenart	**Budget**	**Ist**	**Abweichung**
Gehalt	35.000	35.000	–
– Zusatzkosten	10.000	10.000	–
Raumkosten	8.000	9.200	+15 %
Porto/Kommunikation	1.200	760	– 37 %
Reisekosten	3.800	4.150	+ 9 %
Büromaterial	2.300	2.200	– 4 %
Büroausstattung/EDV	17.100	15.800	– 8 %
Sonstiges	6.400	4.700	– 37 %
Summe	**83.800**	**81.810**	**– 2 %**

Tab. 3.2: Beispiel-Kostenstellenformular „Projektleitung"

Projektkostenstelle Raumbeschaffung			
Kostenart	**Budget**	**Ist**	**Abweichung**
Gehalt	22.000	24.000	+ 9 %
– Zusatzkosten	7.000	7.400	+ 6 %
Fremdkosten (Makler, Zeitungen ...)	28.000	19.500	– 30 %
Raumkosten	2.600	2.600	–
Porto/Kommunikation	2.600	1.550	– 40 %
Reisekosten	4.800	4.400	– 8 %
Büromaterial	1.300	2.400	+ 85 %
Büroausstattung/EDV	6.700	4.000	– 40 %
Sonstiges	5.100	6.500	+ 27 %
Summe	**80.100**	**72.350**	**– 10 %**

Tab. 3.3: Beispiel-Kostenstellenformular „Raumbeschaffung"

Projektkostenstelle Softwareentwicklung			
Kostenart	**Budget**	**Ist**	**Abweichung**
Gehalt Teilprojektleitung	30.000	30.000	–
– Zusatzkosten	9.000	9.000	–
Gehalt Programmierer	47.000	48.200	+ 3 %
– Zusatzkosten	13.400	13.700	+ 2 %
Gehalt Assistenz	8.500	9.100	+ 7 %
– Zusatzkosten	2.200	2.300	+ 5 %
Raumkosten/Energie	10.250	10.250	–
Hardwarekosten	3.100	2.850	– 8 %
Softwarekosten/Betriebszeit	4.700	6.200	+ 32 %
Porto/Kommunikation	200	80	– 60 %
Reisekosten	2.100	1.350	– 36 %
Büromaterial	3.300	2.900	– 12 %
Büroausstattung	6.000	7.200	+ 20 %
Sonstiges	4.600	2.700	– 41 %
Summe	**144.350**	**145.830**	**+ 1 %**

Tab. 3.4: Beispiel-Kostenstellenformular „Softwareentwicklung“

Projektkostenstelle Schulung/Training			
Kostenart	**Budget**	**Ist**	**Abweichung**
Gehalt	57.000	61.000	+ 7 %
– Zusatzkosten	19.000	20.000	+ 5 %
Raumkosten	7.000	5.500	– 21 %
Porto/Kommunikation	2.000	2.350	+ 18 %
Reisekosten	4.200	4.300	+ 2 %
Büromaterial	4.200	2.800	– 33 %
Büroausstattung/EDV	2.300	4.200	+ 83 %
Honorare extern	18.200	17.300	– 5 %
Sonstiges	1.400	2.700	+ 83 %
Summe	**115.300**	**120.150**	**+ 4 %**

Tab. 3.5: Beispiel-Kostenstellenformular „Schulung/Training“

Die Daten der einzelnen Kostenstellen ergeben nun zusammengefasst die Gesamtkosten des Projekts. Allerdings nicht ganz. Denn schließlich fehlt hier eine Kategorie völlig, nämlich die Investitionen. Es wäre nicht sinnvoll, Investitionen (z. B. für die Ausstattung der Call Center-Räume oder eine neue EDV-Anlage) dem Projekt zuzurechnen, weil das Projekt selbst nichts damit anfangen kann. Es gehört hier aber zum Tätigkeitsbereich des Projekts, die Vorbereitungen für die Investitionsentscheidungen zu treffen, jedoch nicht, sie auch zu genehmigen. Dies ist Aufgabe einer Linienfunktion, z. B. der Geschäftsführung. Der Projektetat kann dann auch nicht überschritten werden, wenn die Geschäftsführung höheren Ausgaben als geplant zustimmt.

Tab. 3.6 zeigt nun die Projektkosten in der Übersicht. Es wird leicht erkennbar, in welchem Maße in den Teilprojekten die Budgets eingehalten wurden.

Projektkostenübersicht Call Center-Einführung			
Projektkostenstelle	**Budget**	**Ist**	**Abweichung**
Projektleitung	83.800	81.810	– 2 %
Raumbeschaffung	80.100	72.350	– 10 %
Softwareentwicklung	144.350	145.830	+ 1 %
Schulung/Training	115.300	120.150	+ 4 %
Gesamt	**423.550**	**420.140**	**– 1 %**

Tab. 3.6: Projektkostenübersicht „Call Center-Einführung“

Fixe und variable Kosten

Bislang haben wir uns immer nur mit Kosten als solchen beschäftigt, das heißt keine weiteren Unterscheidungen vorgenommen. Insofern wurde eine Vollkostenrechnung unterstellt. Diese ist eines von insgesamt drei Kostenrechnungssystemen, die sich danach unterscheiden, welche unterschiedlichen Typen bzw. Eigenschaften von Kosten sie kennen. Die Vollkostenrechnung ist sozusagen das Urgestein und in kleineren sowie klassisch industriellen Unternehmen auch noch oft zu Hause. Sie kennt zwei Arten von Kosten: nämlich diejenigen, die einem Kostenträger (Produkt, Dienstleistung) zurechenbar sind – das sind die **Einzelkosten** – und diejenigen, die einem Kostenträger nicht einzeln zurechenbar sind – das sind die **Gemeinkosten**. In unserer Projektkostenrechnung führt dies zu einer schön einfachen Rechnung, denn der Kostenträger ist das Projekt und alle Projektkosten sind Einzelkosten. So muss man keine Unterscheidungen treffen und ist schnell fertig.

Für die Verantwortlichen führt dies aber zu einem Informationsdefizit. So gibt es in den meisten Projekten **Kosten, die sich nicht verändern**, gleich ob etwas mehr gearbeitet werden muss oder weniger, und **Kosten, die sich verändern**, je nach Arbeitsanfall oder konkretem Ausgabeverhalten. Bei der ersten Kostenart handelt es sich um die **fixen**, bei der zweiten um die **variablen Kosten**. Eine **Vollkostenrechnung** (siehe die obigen Beispiele) kümmert sich darum nicht, eine **Teilkostenrechnung** schon. Sie weist aus, welche Kosten fix und welche variabel sind, so dass vor allem bei kurzfristigen Entscheidungen immer genau die richtigen Kosten einbezogen werden können.

In produzierenden Unternehmen ist diese Differenzierung höchst wichtig. Geht es z. B. um die Frage, ob ein einmaliger Zusatzauftrag angenommen werden soll, dann sind vor allem die variablen Kosten (z. B. Material, Provisionen) relevant, weil sie bei Auftragsannahme zusätzlich anfallen. Die fixen Kosten (z. B. Mieten, Gehälter) sind davon meist unberührt, sie bleiben konstant.

In der Projektkostenrechnung geht es zwar nicht darum, eine Entscheidungsgrundlage für die Durchführung eines zusätzlichen Projekts zu haben. Aber es gibt Kosten, die von der Projektleitung beeinflussbar sind, und Kosten, die konstant bleiben. Und es gibt Kosten, die sich mit Veränderungen bei den Projektanforderungen

Unternehmen geschaffen wurden, in denen zumindest der größte Teil der Kosten recht gut zurechenbar ist. Und die eher einfach strukturiert sind, das heißt je mehr Routinetätigkeit in festen Abteilungen/Kostenstellen, desto besser.

Projekte haben unglücklicherweise oft die Angewohnheit, gegen solche Regeln zu verstoßen. Sie produzieren wenig (meist ein Produkt, ein Ergebnis) oder nichts, haben eher mit administrativen und/oder kreativen Themen zu tun und lassen sich von einer statischen Linienstruktur im Unternehmen herzlich wenig einschüchtern. Folglich bleibt der Anteil der Kosten, bei dem man am Ende nicht so genau weiß, wofür er eigentlich angefallen ist, relativ groß und die Transparenz auf der Strecke.

Prozesskostenrechnung im Projekt

Nun ist es aber nicht so, dass es dafür keine Lösung gäbe. Für solche Situationen wurde nämlich die **Prozesskostenrechnung** entwickelt. Sie ist insbesondere für Unternehmen und/oder Aktivitäten einsetzbar, in denen der Anteil der Fix- oder Gemeinkosten hoch ist. Dies ist vornehmlich in Dienstleistungsbranchen der Fall, und eben auch in Projekten.

Während die Vollkostenrechnung Einzel- und Gemeinkosten unterscheidet, die Teilkostenrechnung zusätzlich fixe und variable, führt die Prozesskostenrechnung eine neue Zweiteilung ein:

- **leistungsmengeninduzierte** (-abhängige) und
- **leistungsmengenneutrale** (-unabhängige) Kosten.

Diese begriffliche Unterscheidung führt leider regelmäßig zu einer Verwechslung mit variablen und fixen Kosten. So sind leistungsmengenneutrale Kosten immer fix, jedoch fixe nicht immer leistungsmengenneutral. Variable Kosten sind jedoch, wenn sie überhaupt einer Prozesskostenrechnung unterzogen werden, leistungsmengeninduziert.

Definition:

- **leistungsmengeninduziert** (lmi) – *abhängig* vom Tätigkeitsvolumen der Kostenstelle
  Tätigkeitsbeispiele: Bestellungen, Buchungen, Anrufe, Rüsten, Verpacken, Beratungen;
  Kostenbeispiele: Rohstoffverbrauch, Fertigungsmaterialverbrauch, Sachbearbeitergehälter, Büromaterial, EDV-Kosten
- **leistungsmengenneutral** (lmn) – *unabhängig* vom Tätigkeitsvolumen der Kostenstelle
  Tätigkeitsbeispiele: Leitung, Überwachung;
  Kostenbeispiele: Abteilungsleitergehalt, Unternehmensleitungskosten, Überwachungsanlage.

Eine Prozesskostenrechnung kann sowohl auf Prozesse angewandt werden, die innerhalb einer Kostenstelle ablaufen, als auch auf solche, die kostenstellenübergreifend sind. Im Rahmen einer Projektkostenrechnung bleibt man meist innerhalb einer Projektkostenstelle, weil diese so definiert werden kann, dass übergreifende Prozesse nicht existieren. Dies vereinfacht die Rechnung wesentlich.

Nehmen wir als Beispiel wieder die Kostenstelle Schulung/Training. Im Grundsatz geht es ja darum, die Mitarbeiter zu schulen, und zwar bezüglich der neuen Software und bezüglich neuer Aufgabenschwerpunkte, also etwa der Kundenorientierung bzw. der Betreuung von Kunden am Telefon. Um feststellen zu können, ob die Tätigkeit im Rahmen des Projekts wirtschaftlich durchgeführt wird, sollten die Kosten z. B. auch mit den Preisen externer Anbieter vergleichbar sein. Das mag zwar nicht immer im Sinne der Projektleitung sein, ist aber mitunter auch ein Argument für die Durchführung des Projekts.

Die Schulungs- und Trainingsmaßnahmen wurden im Netzplan zwei Phasen zugeordnet, so dass hier die Prozesskosten für die Maßnahmen in diesen Phasen errechnet werden sollen. Dies ermöglicht dann einen einfachen Vergleich mit anderen Anbietern und über die Zeit und stellt schließlich eine Grundlage für die Ermittlung eines Preises dar.

Um nun die Kosten der Kostenstelle den beiden Prozessarten zurechnen zu können, muss ermittelt werden, inwieweit die aufgeführten Kosten mit diesen zu tun haben. Dazu muss die Zahl der Schulungen bekannt sein (ggf. Plandaten), aber auch der Zeitaufwand der Leitung und der Materialaufwand für die beiden Schulungsarten. Projekte machen aufgrund ihrer Einmaligkeit besondere Schwierigkeiten, denn man kann nicht einfach auf der Basis von Vergangenheitsdaten die Kosten durch die Menge teilen und so einen Kostensatz bestimmen. Andererseits stehen aber meist Grunddaten aus der Kapazitätsplanung zur Verfügung, die hier eingesetzt werden können.

Die Projektkostenstelle hat budgetierte Gesamtkosten in Höhe von 115.300 EUR (siehe Tab. 3.5). Diese sollen nun den Schulungsaktivitäten zugeordnet werden, die wir der Einfachheit halber als Kommunikations- und Softwareschulung bezeichnen. Dazu muss zunächst bestimmt werden, welche Kosten von der Zahl der Schulungen abhängig sind und welche nicht.

Die Positionen „Raumkosten" (7.000 EUR) und „Büroausstattung/EDV" (2.300 EUR) sind von der Zahl der Schulungen unabhängig, so dass sie den leistungsmengenneutralen Kosten zugerechnet werden können.

Ebenso ist ein Teil der Gehaltskosten zuzurechnen, und zwar in dem Maße, wie wirklich eine Leitung der Schulungsaktivitäten erfolgt. Da es hierfür keine separate Stelle gibt, ist ein gewisser Anteil der allgemeinen Gehaltskosten anzusetzen. Wir setzen hierfür 10 % (7.600 EUR) an. Die lmn Kosten liegen dann insgesamt bei 16.900 EUR.

Unter den weiteren Kosten sind noch die externen Honorare (18.200 EUR) herauszugreifen, weil sie den Kommunikationsschulungen zuzuordnen sind.

Die restlichen Kosten (gesamt: 80.200 EUR) werden nach der Zahl der Schulungen auf die Kommunikations- und Softwareschulungen verteilt. Dies ist wohlgemerkt nur dann zulässig, wenn es für die jeweiligen Kostenpositionen wirklich gleich ist, ob sie auf die eine oder andere Schulungsart entfallen. Geplant sind 20 Kommunikations- und zwölf Softwareschulungen, so dass die Kostenanteile bei 62,5 bzw. 37,5 % liegen. Die sich ergebenden Kostenanteile zeigt Bild 3.5.

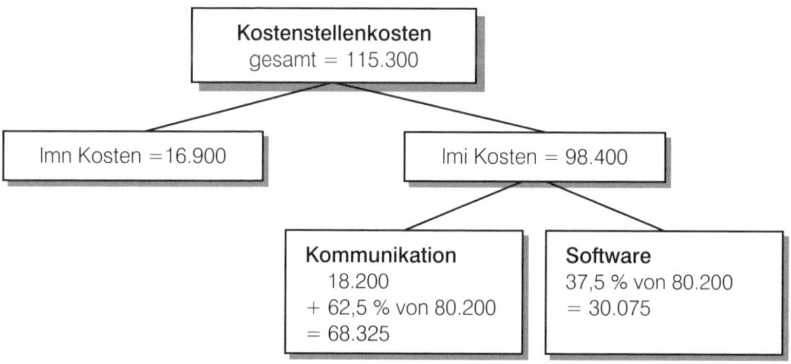

Bild 3.5: Kostenanteile der Kostenstelle „Schulung/Training"

Damit ist der erste Schritt der Prozess- bzw. Schulungskostenermittlung erledigt. Der zweite führt dann zur Berechnung der vollständigen Prozesskostensätze bzw. der Schulungspreise, die auch Basis für eine innerbetriebliche Weiterverrechnung sein können. Dazu ist die in Tab. 3.8 gezeigte Berechnung erforderlich.

In der Tabelle wurden zunächst die Tätigkeiten aufgelistet. Hier sind es nur drei, wobei eine die Leitung betrifft und auch Raumkosten beinhaltet. Die Plankosten dafür wurden bereits aufgrund der oben dargestellten Überlegungen ermittelt und werden hier in der mittleren Spalte eingetragen. Nun können die Kostensätze für die lmi Kosten berechnet werden. Dazu werden die Plankosten der Tätigkeit durch die Prozessmenge (Anzahl Schulungen) geteilt. Zu diesen kommt ein Zuschlag für die lmn Kosten, das heißt die Leitung. Die 16.900 EUR müssen nun „richtig" zugerechnet werden. Richtig heißt so viel wie verursachungsgerecht, was aber selten zu ermitteln ist. Da in unserem Fall im Wesentlichen Terminvereinbarungen, Konzeptionen und Verwaltung zur Leitung gehören, werden die Kosten 1:1 geteilt. Ggf. könnte auch eine andere Einteilung angemessen sein.

Prozesskostenabrechnung					Schulung/Training Budget		
Tätigkeit	lmi/ lmn	Kostentreiber	Prozessmenge	Plankosten	lmi Kostensatz	lmn Kostensatz	Prozesskostensatz
Leitung/ Büro	lmn			16.900			
Komm.-schulg.	lmi	Anzahl Schulung.	20	68.325	3.416,25	422,50	3.838,75
Softw.-schulg.	lmi	Anzahl Schulung.	12	30.075	2.506,25	704,17	3.210,42
Summe				115.300			

Tab. 3.8: Prozesskostenabrechnung Kostenstelle Schulung/Training

Wir teilen daher die 16.900 EUR durch 2 und haben damit die anteiligen lmi Kosten für die Schulungsarten (8.450 EUR). Diese werden dann durch die Anzahl der Schulungen geteilt, so dass sich der lmn Kostensatz für die Prozesse ergibt.

Die Summe aus lmn und lmi Kostensatz ist der gesamte Prozesskostensatz. In unserem Fall kostet eine Kommunikationsschulung 3.838,75 EUR, eine Softwareschulung 3.210,42 EUR.

Setzen Sie die Prozesskostenrechnung ein, um Projektleistungen genau zu kalkulieren!

Gegenüber der klassischen Kostenstellenrechnung ist die Prozesskostenrechnung zwar aufwendiger, dafür ist die Aussagekraft aber auch höher. Die Kosten einer Schulung sind leichter greifbar und vergleichbar. Es ist leichter möglich einzuschätzen, ob die Leistung effizient erstellt wird oder nicht.

3.4 Dritter Schritt: Kostenträgerrechnung – Projektkalkulation durchführen

Die Kalkulation ist der Abschluss der Kostenrechnung. Hier werden die Kosten zusammengetragen, die bei der Herstellung eines Produkts oder einer Dienstleistung entstehen. Dabei müssen bestimmte Vorschriften eingehalten werden. So ist vor allem wichtig zu unterscheiden, welche Kosten einem Produkt oder einer Leistung zurechenbar sind und welche nicht. (Beispiel: In welchem Maße muss eine produzierte Tischlampe anteilige Kosten für die Buchhaltung und Unternehmensleitung tragen?) In einem großen und komplexen Unternehmen ist dies entsprechend schwierig und beinhaltet auch die Frage, ob nun mit einer Voll-, Teil- oder Prozesskostenrechnung gearbeitet wird.

Oben wurde bereits angedeutet, dass die Situation bei der Projektkalkulation eine andere ist. Das Problem der Zurechenbarkeit beschränkt sich auf ein geringes Maß, weil das Projekt als solches immer auch organisatorisch gut vom Rest des Unternehmens abgegrenzt ist. Es nimmt zwar auch Leistungen des Unternehmens (z. B. die Infrastruktur in Form von Räumen) in Anspruch, dies lässt sich aber meist recht leicht berechnen. Einige Positionen wurden ja bei den Kostenstellenabrechnungen bereits dargestellt.

Insofern müssen meist nur die Kosten der einzelnen Projektkostenstellen addiert werden, um die Gesamtkosten des Projekts zu ergeben. Manchmal ist das ganze Projekt auch nur eine Kostenstelle (ein Arbeitspaket), so dass auch diese Arbeit entfällt. Die Schwierigkeit liegt hier eher im nächsten Schritt, nämlich der **Kalkulation eines Projektpreises**. Dies ist ja in der Produktkalkulation der entscheidende Schritt: Man will erfahren, was das Projekt erlösen muss, um die Kosten zu decken und einen Gewinnbeitrag zu erzielen.

Was muss also ein Projekt den Auftraggeber kosten? Muss oder darf es überhaupt einen Preis haben? Welchen Ertrag soll es erzielen? Eine Antwort auf diese Fragen ist jeweils unterschiedlich zu finden. Es kommt jeweils darauf an, um welche Art von Projekt es sich handelt.

Interne Projekte, z. B. im Rahmen von Umgestaltungen der Arbeitsorganisation, sollen über Jahre hinweg einen wirtschaftlichen Vorteil erbringen. Dann ist kaum festzulegen, bis zu welchem Preis sich das Projekt noch lohnt. Ganz davon abgesehen, dass der Preis den Gesamtkosten entspricht, weil das Projekt als interne Leistung keinen Ertrag erzielen soll. Ließe man diese Aufgabe von einer Beratungsgesellschaft durchführen, müsste diese einen Preis bestimmen, um einen Vertrag abschließen zu können. Zusätzlich zu den Kosten wäre die Gewinnerwartung zu berücksichtigen, schließlich will der Anbieter ja auch von etwas leben. Ob das Projekt als externes insgesamt teurer ist denn als internes, lässt sich noch nicht einmal feststellen. So unterscheiden sich die Personalkosten, die Effizienz des Vorgehens, und ist vielleicht der externe Anbieter bereit, einen „politischen Preis“ zu machen, um den Auftrag zu bekommen.

Es müssen insgesamt mindestens die folgenden **drei Projektarten** unterschieden werden:

1. **Reine Verwaltungsprojekte im Unternehmen –**
   z. B. Organisationsprojekte

Für solche Projekte kann kein Preis bestimmt werden. Sie werden im Auftrag der Unternehmensleitung ausgeführt, so dass die Kosten auch vom Unternehmen übernommen werden. Meist sind diese ohnehin nur kalkulatorisch feststellbar, weil Mitarbeiter aus ihrer Linienfunktion in das Projekt delegiert werden. Diese kalkulatorischen Kosten ergeben sich aus der Summe der Kostenarten bzw. Kostenstellen.

2. **Auftragsprojekte mit einer festen Preisvereinbarung –**
   z. B. Entwicklungsprojekte im Kundenauftrag

Hierbei handelt es sich um Projekte, die im Vorfeld detailliert mit einem meist externen Kunden vereinbart wurden (Kunde kann aber auch ein anderer Bereich im eigenen Unternehmen sein – im Falle einer Profit Center-Struktur spielt eine Preisvereinbarung zur Sicherstellung der Gerechtigkeit im Rechnungswesen eine wichtige Rolle). Aufgabe der Kalkulation ist es, den Angebotspreis im Vorfeld zu bestimmen. Dazu müssen die Kosten nach Kostenarten und/oder Kostenstellen geschätzt werden. Nach Auftragserteilung kann nur noch festgestellt werden, in welchem Maße die geplanten Kosten über- oder unterschritten wurden.

3. **Auftragsprojekte ohne feste Preisvereinbarung –**
   z. B. Anlagenbau, Baubranche

Das Projekt wird hier zwar bezüglich seiner Leistungsmerkmale definiert, doch besteht keine Festpreisvereinbarung, etwa weil die tatsächlich benötigten Arbeitsstunden oder Materialien erst im Laufe des Projekts ermittelt werden können. Hierbei gibt es meist eine Vorkalkulation, die durch eine oder mehrere Zwischenkalkulationen korrigiert wird.

Projektkostenrechnung wird trotz allem immer wieder kontrovers diskutiert. Ein paar mehr oder weniger gute Argumente gegen die Projektkostenrechnung tauchen immer wieder auf und sollten Sie nicht mehr ärgern:

- „Projekte dienen dazu, Kosten aus Abteilungen herauszuverlagern. Es ist dann eher schädlich zu sehen, wie hoch sie sind."
- „Projektleiter sind Teamleader und keine Rechenknechte. Kostenrechnung ist nicht unser Ding."
- „Wenn jeder vorher weiß, wie viel es kostet, dann kriegen wir keinen Auftrag mehr. Das Ganze kostet nur Zeit und Geld. Das zahlt uns dann keiner."
- „Projekte sind einfach wichtig. Deswegen müssen sie gemacht werden. Die Kosten sind da nicht entscheidend."
- „Wir wissen ja auch jetzt noch nicht, was man alles aus dem Projekt später herausziehen kann. Wir gewinnen vielleicht neue Kunden, die den Umsatz steigern. Dann lohnt es sich auch, ein paar Euro mehr dafür auszugeben."
- „Kosten sind nicht alles. Solange man nicht den Nutzen eines Projekts zweifelsfrei berechnen kann, berechnen wir auch nicht dessen Kosten."
- „Wer eine Kostenkalkulation von mir haben will, dem stelle ich sie auch in Rechnung."

4 Projektbewertung

Nicht zuletzt wegen der in vielen Unternehmen stark wachsenden Zahl von Projekten ist die Projektbewertung eine der zentralen Aufgaben der Geschäftsführung oder eines Projekt-/Lenkungsausschusses. Sie verfolgt zwei zusammenhängende Aufgaben:

- Zum einen ist festzustellen, ob ein Projekt überhaupt unterstützenswert ist (das heißt profitabel, technisch umsetzbar, zielgerecht usw.). Das Projektkonzept, sein Business-Plan muss *absolut* überzeugen. Es dürfen keine grundsätzlichen Zweifel an der Erfolgsträchtigkeit bestehen.
- Zum anderen ist zu klären, in welcher Reihenfolge Projekte unterstützt werden. Prinzipiell könnte man auch sagen, jedes absolut überzeugende Projekt wird auch von der Unternehmensleitung oder dem Kunden finanziert. Jedoch gibt es eine wachsende Konkurrenz und dementsprechend die Bereitschaft, die weniger erfolgsträchtigen Projekte auszusortieren. Ihr Business-Plan muss daher auch *relativ* überzeugen, muss an entscheidenden Stellen besser sein als der anderer Projekte. Die Projektbewertung sorgt dafür, dass die einzelnen Projekte in eine Rangfolge gebracht werden können.

Für die Bewertung **einzelner Projekte** stehen detaillierte Verfahren zur Verfügung, bei denen es schwerpunktmäßig um den Nutzen und das Risiko geht. Dafür werden interessenspezifische Kriterienkataloge aufgestellt, zu denen die Antragsteller Stellung nehmen müssen bzw. anhand derer die Projektpläne durch die Auftraggeber geprüft werden.

Laufen **mehrere Projekte** gleichzeitig, ist ein systematischer Vergleich der Projektbewertungen sinnvoll. Während vielfach noch Projekte in den Unternehmen „frei laufen gelassen werden“, führen andere ein systematisches **Multi-Projektmanagement** ein. Seine Aufgabe ist es, eine Führung bzw. Steuerung mehrerer (vieler) Projekte zu ermöglichen. Im Wesentlichen geht es dabei um den Einsatz von Portfoliotechniken, bei denen Projekte anhand der Beurteilungsdimensionen grafisch dargestellt werden.

Dieses Kapitel stellt die wichtigsten Bewertungsverfahren vor. Projektleiter erfahren damit, welche Prüfkriterien auf sie zukommen können, welche Fragen sie also möglicherweise beantworten müssen. Auftraggeber erfahren hier, wie sie eine systematische Projektbewertung durchführen können.

4.1 Nutzwertanalyse

Die Nutzwertanalyse ist ein Verfahren zur Auswahl einer optimalen Alternative (Strategie, Projekt usw.), wenn nicht nur ein einzelnes, sondern eine Vielzahl unterschiedlicher Bewertungskriterien zur Verfügung stehen. Es handelt sich dabei um ein **Scoring-(Punktbewertungs-)Verfahren.** Da der Nutzen eines Projektes meist nicht nur anhand eines Geldbetrages zu beschreiben ist, bietet sich die Nutzwertanalyse besonders an.

Vorgehensweise

Im ersten Schritt ist festzulegen, welche Bewertungskriterien relevant sind. Für diese ist dann die Gewichtung vorzunehmen, zumal in der Regel nicht alle Kriterien von gleicher Bedeutung sind. Anschließend werden die Projekte anhand dieser Kriterien bewertet, z. B. durch Vergabe von Punkten anhand einer 5er- oder 10er-Skala, z. B. mit 1 = sehr schlecht/gar nicht vorhanden ... 10 = sehr gut/vollständig vorhanden. Die Einzelbewertungen werden dann mit den Gewichten multipliziert. Die Summe der so errechneten Werte ergibt den Nutzwert. Die Alternative mit dem höchsten Nutzwert wird dann realisiert. Tab. 4.1 zeigt ein Berechnungsschema.

Kriterium	Gewichtung	Alternative I		Alternative II	
		Punkte	Nutzwert	Punkte	Nutzwert
Nutzenbereich	20 %				
Nutzenfaktor 1	5 %	3	0,15	2	0,10
Nutzenfaktor 2	10 %	5	0,50	3	0,30
Nutzenfaktor 3	5 %	1	0,05	4	0,20
...					
Gesamt	**100 %**		**4,2**		**3,9**

Tab. 4.1: Berechnungsschema der Nutzwertanalyse

Legen Sie Wert darauf, die Entscheidungskriterien des Auftraggebers herauszufinden!

Die wesentliche Herausforderung besteht in der Definition der Entscheidungskriterien. Für die Projektleitung ist es gerade bei Projekten für externe Kunden ebenso wichtig wie schwierig, diese zu kennen. In solchen Fällen sollte im Rahmen der Planungsvorbereitungen versucht werden, herauszufinden, welche Kriterien besonders wichtig sind. Dabei hilft die Analyse der Unternehmensziele, der Wettbewerbssituation sowie sonstiger bekannter Zielvorstellungen, etwa auch aus einer Balanced Scorecard.

Idealerweise wird bereits in der Vorbereitungsphase geklärt, welche Nutzenvorstellungen für das Projekt bestehen. Wer dafür zuständig ist und wie vorgegangen wird, hängt von der Entstehungsgeschichte des Projekts ab.

Einige Beispiele:

a) Entsteht die **Projektidee innerhalb des Unternehmens** und entscheidet die Geschäftsleitung, dann ist es Teil des Projektmarketing, deren Bewertungskriterien herauszufinden, wenn sie nicht gar offiziell bekannt sind. Dies kann durch Vorgespräche mit den Entscheidungsträgern oder dem zentralen Controlling geschehen.

b) Werden **Projekte von zentraler Stelle initiiert**, um sie dann einem geeigneten Projektteam zu übertragen, dann sollten die Beurteilungskriterien bei denjenigen erfragt werden, die die Nutzer der Projektleistung sind. Nicht selten passiert es, dass die Geschäftsleitung ein Projekt veranlasst, um für andere Unternehmensbereiche einen Nutzen zu erbringen, sich aber nicht nach den dortigen Anforderungen erkundigt. Dies wird noch häufiger ganz einfach unterlassen, weil man hohe und entsprechend teuere Anforderungen fürchtet. Das Motto lautet oft: Bloß keine schlafenden Hunde wecken. Beispiele finden sich bei der Umgestaltung von Büroräumen, der Einführung neuer Informationstechnologien, organisatorischen Veränderungen, Einführungen neuer Vergütungssysteme usw. Sinnvoll wäre es jedoch, vorher in Erfahrung zu bringen, welche Vorteile erwartet werden bzw. wo Widerstände zu erwarten sind.

c) **Gibt ein externer Kunde den Projektauftrag**, so wird er möglicherweise die konkreten Bewertungskriterien nicht offen legen wollen, um ein möglichst nutzenstarkes Projekt zu einem etwas weniger ambitionierten Preis zu bekommen. Insofern ist es umso wichtiger, in der Akquisitionsphase den Bewertungskatalog abzuklopfen, zumal dieser auch für den Vergleich mit Angeboten von Wettbewerbern verwendet werden dürfte.

„Falsche" Fragen führen oft zu problematischen und vor allem teueren Antworten!

Fragen Sie nicht nach dem Prinzip: „Wie wichtig ist Ihnen...?" Dann erfahren Sie oft nur, dass alles wichtig ist. Geben Sie besser Alternativen vor: „Haben Sie es lieber so oder lieber so?" Der Nachteil ist sicherlich, dass dabei der eine oder andere kreative Wunsch verloren geht, die Antworten sind aber auf jeden Fall realistischer.

Beispiel zur **Aufstellung der Nutzenkriterien** eines Organisationsprojekts:

Die Geschäftsleitung stellt im Rahmen einer Stärken/Schwächen-Analyse im Vertrieb fest, dass überdurchschnittlich viele Anfragen letztendlich nicht zu einem Angebot führen. Aus Wettbewerbsvergleichen weiß man, dass rund 40 % Auftragsquote auf jeden Fall möglich sind, erreicht werden aber nur 28 %. Damit gehen dem Unternehmen Umsatzpotenziale verloren. Zentrales Problem scheint dabei die Zeitdauer der Anfragenbearbeitung zu sein. Aus Zeitaufschreibungen weiß man, dass durchschnittlich zwölf Werktage vergehen, bis das Angebot vorliegt. Für die Kunden ist dies offensichtlich kaum akzeptabel.

Also beschließt man, die Bearbeitungszeit zu reduzieren. Die zentrale Organisationsabteilung sowie eine externe Beratungsgesellschaft legen dazu jeweils ein Projektkonzept vor. Das eine basiert im Wesentlichen auf einer Neustrukturierung der Arbeitsabläufe, bei der eine Anfrage nur noch von einer Person bearbeitet wird und nicht mehr über fünf bis sieben Schreibtische geht. Das andere sieht die Einführung einer Angebotserstellungssoftware vor, die die einzelnen Prozesse elektronisiert und damit beschleunigt.

Die Geschäftsleitung muss entscheiden, welches Projekt umgesetzt wird. Um einen Bewertungskatalog zu erstellen, werden Entscheidungsträger im Vertrieb zu den möglichen Nutzen befragt. Dabei werden auf einem Fragebogen die in Tab. 4.2 gezeigten Aussagen vorgegeben, deren Relevanz auf einer 5er-Skala angegeben werden soll mit 1 = stimme überhaupt nicht zu ... 5 = stimme eindeutig zu.

Erwarteter Projektnutzen	stimme überhaupt nicht zu				stimme eindeutig zu
	1	2	3	4	5
Die Zahl der Aufträge steigt.					
Die Kundenzufriedenheit steigt.					
Die administrativen Kosten im Vertrieb sinken.					
Die Fehlerquote bei der Angebotserstellung sinkt.					
Es lässt sich ein erkennbarer Wettbewerbsvorteil erzielen.					
Der erzielbare Vorteil lässt sich in der Werbung einsetzen.					
Es ist mit Widerstand in der Abteilung zu rechnen.					
Die Zahl der Reklamationen sinkt.					
Die Angebotspreise können gesenkt werden.					
Die Mitarbeiterzufriedenheit steigt.					
Bisherige Nicht-Kunden können gewonnen werden.					
Entscheidungswege können verkürzt werden.					
Die Mitarbeiter erhalten mehr Kompetenz.					
Abstimmungsprobleme mit der Produktionslogistik lassen sich verringern.					
Preise lassen sich gegenüber den Kunden besser durchsetzen.					
Außendienstbesuche werden effektiver.					

Tab. 4.2: Beispiele für Fragen zur Erhebung von Nutzenkriterien eines Vertriebsprojekts

Die Aussagen wurden nicht immer ganz konkret auf das Projekt bezogen formuliert, um einerseits ein allzu unkritisches „Ja, das wollen wir alles haben" als Antwort zu verhindern, andererseits aber auch, um nicht solche Nutzen zu vergessen, die aus Geschäftsleitungssicht nicht ganz auf der Hand liegen. So kann es beispielsweise sein, dass die Mitarbeiterzufriedenheit durch die komplizierten Abläufe und geringen Kompetenzen niedrig ist und durch das Projekt gesteigert werden kann. Dieser Nutzen wäre nicht unbedingt geplant gewesen, sollte aber bei dieser Gelegenheit mitgenommen werden.

Aufstellung des Bewertungskatalogs

Als Anhaltspunkt für die Aufstellung eines Bewertungskatalogs können Standardfragen verwendet werden, die für viele Projektideen relevant sind. Sie sind im nächsten Schritt um projektspezifische Aspekte zu ergänzen. Umgekehrt kann in aller Regel auch ein Teil der Kriterien entfallen. Die Übersicht in Tab. 4.3 listet Beispiele zu einigen wichtigen Themenkomplexen auf.

Kriterium	Gewichtung	Alternative I		Alternative II	
		Punkte	Nutzwert	Punkte	Nutzwert
Finanzen					
Möglichkeit der Umsatzsteigerung					
Steigerung der Kapitalrendite					
Verbesserung der Liquiditätssituation					
Verbesserung des Unternehmensratings					
Kosten					
Verbesserung der Auslastung					
Senkung der Produktionskosten					
Senkung der Verwaltungskosten					
Verringerung des Akquisitionsaufwands					
Senkung der Kosten für Nacharbeit/ Reklamation usw.					
Senkung der Kosten für Dienstleister					

Tab. 4.3: Bewertungsmatrix einer Nutzwertanalyse

Kriterium	Gewichtung	Alternative I		Alternative II	
		Punkte	Nutzwert	Punkte	Nutzwert
Kunden					
Steigerung der Kundenzufriedenheit					
Verbesserung der Potenzialausschöpfung/ Steigerung der Lieferanteils					
Verbesserung der Kundenbindung					
Unterstützung der Akquisition neuer Kunden					
Verringerung der Auftragsverluste					
Verbesserung der Kundenprofitabilität					
Verbesserung des Empfehlungsverhaltens					
Steigerung der Zusatzverkäufe (Cross Selling)					
Mitarbeiter					
Intensivierung des Kundenkontakts					
Steigerung der Mitarbeiterzufriedenheit					
Verbesserung der internen Kommunikation					
Verbesserung der Informationssituation					
Sicherung der Unterstützung der Mitarbeiter bei der Umsetzung					
Einführung motivationsfördernder Entgeltkomponenten					
Steigerung des Innovationspotenzials					
Qualität					
Senkung der Produktausfallrate					
Senkung der Stornoquote					
Steigerung der Lebensdauer					
Verbesserung der Testergebnisse im Wettbewerbsvergleich					
Erzielung kommunizierbarer Sicherheitsvorteile					

Tab. 4.3: Bewertungsmatrix einer Nutzwertanalyse (Fortsetzung)

Kriterium	Gewichtung	Alternative I		Alternative II	
		Punkte	Nutzwert	Punkte	Nutzwert
Umwelt/Umfeld					
Beitrag zur Erfüllung der Umweltziele					
Verbesserung des Images im Umfeld					
Förderung des sozialen Engagements					
Verringerung von Gesundheitsgefahren					
Markt					
Förderung der Bekanntheit des Unternehmens					
Steigerung des Marktanteils					
Verringerung von Absatzrisiken					
Förderung der angestrebten Unternehmenspositionierung					

Tab. 4.3: Bewertungsmatrix einer Nutzwertanalyse (Fortsetzung)

Die Liste enthält wohlgemerkt allgemein relevante Kriterien, die keineswegs ein Standard-Bewertungsgerüst für *alle* Projekte sind. Im konkreten Fall müssen hieraus Kriterien ausgewählt bzw. spezifische ergänzt werden. Mitunter lassen sich geeignete Kriterien durch Analogieschluss finden.

Da die einzelnen Dimensionen und die ihnen zugeordneten Kriterien unterschiedlich wichtig sind, ist eine Gewichtung der ausgewählten Kriterien erforderlich. Das Projekt wird dann unter Verwendung einer 5-, 7- oder 10-Punkte-Skala anhand der Kriterien bewertet (Beispiel siehe in Tab. 4.4). Die Punktwerte werden mit den Gewichtungen multipliziert, so dass sich Teilbewertungen für die Einzelkriterien sowie in der Summe eine Gesamtbewertung ergeben.

Beschränken Sie sich bei der Zahl der abgefragten Nutzenkriterien!

Was die Intensität der Bewertung angeht, sollte auch bei Projekten mit hohen Investitionen nicht übertrieben werden. Während sich die ersten zehn bis 15 Nutzenkriterien noch schnell finden lassen, wird es danach immer schwerer. Oft wird dann der Fehler gemacht, aus Prinzip noch Kriterien aufzunehmen, auch wenn sie kaum noch relevant erscheinen. Wird einem Kriterium am Ende noch eine Gewichtung von 1 oder 2 % zugewiesen, dann zeigt sich schon, dass selbst eine extreme Bewertung kaum noch einen Einfluss auf die Projektentscheidung hat.

Beispiel 5-Punkte-Skala				
überhaupt nicht	**in geringem Maße**	**in mittlerem Umfang**	**in deutlichem Maße**	**in starkem Maße**
1 ❍	2 ❍	3 ❍	4 ❍	5 ❍

Tab. 4.4: Beispiel einer 5-Punkte-Skala

Betrachten wir nun die Nutzenbewertung anhand des Beispiels unseres Call Center-Projekts (Tab. 4.5), bei der eine 5er-Skala zum Einsatz kommt.

Unser Projekt wurde mit 3,14 bewertet, was knapp über dem durchschnittlichen Wert von 3 liegt. Es ist daher nicht gerade als schlecht zu bezeichnen, könnte jedoch im Vergleich zu anderen Projekten, die ebenfalls um die Gunst des Auftraggebers buhlen, Schwierigkeiten bekommen.

Kriterium	Gewichtung	Punkte	Nutzwert
Finanzen	**20 %**		**0,80**
Möglichkeit der Umsatzsteigerung	20 %	4	0,80
Kosten	**25 %**		**0,90**
Senkung der Vertriebskosten	15 %	4	0,60
Senkung der Kosten für Dienstleister	5 %	2	0,10
Senkung der Kosten für Reklamationsbearbeitung	5 %	4	0,20
Kunden	**30 %**		**1,05**
Steigerung der Kundenzufriedenheit	10 %	2	0,20
Verbesserung der Potenzialausschöpfung	5 %	3	0,15
Verbesserung der Kundenbindung	5 %	4	0,20
Unterstützung der Akquisition neuer Kunden	10 %	5	0,50
Mitarbeiter	**10 %**		**0,36**
Steigerung der Mitarbeiterzufriedenheit	2 %	1	0,02
Sicherung der Unterstützung der Mitarb. bei d. Umsetzung	3 %	3	0,09
Verbesserung der Kenntnis der Kundenwünsche	5 %	5	0,25
Markt	**15 %**		**0,03**
Steigerung des Marktanteils	10 %	2	0,02
Förderung der angestrebten Unternehmenspositionierung	5 %	2	0,01
Gesamt	**100 %**		**3,14**

Tab. 4.5: Beispiel einer Nutzenbewertung

4.2 Qualitätsanalyse

Die Analyse der Qualität hat hier nichts zu tun mit der Leistung, die am Ende erstellt wird, sondern mit den Vorbereitungen, das heißt dem Projektplan. Viele Projekte scheitern ganz einfach, weil sie schlecht geplant wurden, weil etwas Wichtiges vergessen wurde oder Zeiten gar zu global berechnet wurden. Eine gute Projektleistung kann so meist gar nicht erbracht werden, auch wenn die Voraussetzungen ansonsten eher günstig sind.

Die Bereitschaft der Auftraggeber, über solche Nachlässigkeiten hinwegzusehen, sinkt kontinuierlich, wenn auch nicht unbedingt eine Qualitätsanalyse der Vorbereitungen vorgenommen wird. Doch diese ist überaus wichtig und kann durchaus ein späteres Desaster verhindern.

Man kann sicher einwenden, dass ein weiteres formales Bewertungsverfahren zusätzliche Bürokratie mit sich bringt und damit nur unnötig Geld und Zeit kostet und die Kreativität behindert. Das mag anfangs der Fall sein, jedoch nur so lange, bis die Prinzipien verinnerlicht sind und die Planung einen hohen Qualitätsstandard erreicht. In der Folge wird nicht nur die Bewertungsphase nicht länger dauern, sondern es werden auch weniger Korrekturen erforderlich sein und mehr Projektanträge durchkommen.

Die Qualitätsbewertung ist eng mit der Risikobewertung verbunden. Prinzipiell lässt sich sagen: Je besser die Qualitätsbewertung des Projektantrags, desto einfacher ist die Risikobewertung und desto geringer ist das eingeschätzte Risiko. Unsichere Projekte mit vielen offenen Fragen werden dann nämlich gar nicht erst beantragt, zumindest so lange nicht, bis risikobezogene Fragen beantwortet oder die Risiken gleich ausgeschlossen werden können.

Die Qualitätsanalyse muss die relevanten Teilbereiche der Projektplanung abdecken, nämlich:

- Situationsanalyse
- Projektzieldefinition
- Terminplanung
- Kapazitätsplanung
- Kostenplanung
- Risikomanagement
- Berichterstattung

Checkliste zur Qualitätsanalyse

Aus diesen Themen lässt sich eine Checkliste erstellen, die bei der Bewertung des Projektplans abgearbeitet wird. Für den Antragsteller ist sie geeignet, um die Vollständigkeit des Antrags selbst sowie des Planungsprozesses insgesamt zu prüfen. Tab. 4.6 zeigt eine solche Checkliste.

Qualitätskriterium	erledigt?
Wurden die Projektziele eindeutig definiert?	
Sind die möglichen Entscheidungsträger und Einflussgeber bekannt?	
Wurden die Anforderungen des Auftraggebers analysiert und berücksichtigt?	
Decken die Arbeitspakete/Maßnahmen alle Anforderungen ab?	
Ist die Zeitplanung nachvollziehbar und nachprüfbar?	
Sind die erforderlichen Kapazitäten vorhanden?	
Wurden mögliche Projektrisiken durch geeignete Gegenmaßnahmen oder Alternativen berücksichtigt?	
Wurden Abstimmungsmaßnahmen mit dem Auftraggeber berücksichtigt?	
Wird eine Abhängigkeit von Leistungen des Auftraggebers deutlich?	
Wurde eine Kostenplanung und -erfassung vorgesehen?	

Tab. 4.6: Checkliste zur Qualitätsanalyse

4.3 Risikoanalyse

Während die Nutzwertanalyse an den positiven Konsequenzen eines Projekts orientiert ist, beschäftigt sich die Risikoanalyse mit den möglichen Negativeinflüssen. Sie ermittelt, für welches der zur Bewertung anstehenden Projekte sich das größte Bedrohungspotenzial ergibt. Dieses Potenzial muss gerade bei gewichtigen, das heißt teueren und strategisch relevanten Projekten dem möglichen Nutzen gegenübergestellt werden. So kann es sich ergeben, dass ein Projektkonzept als positiv, also nutzbringend bewertet wird, gleichzeitig aber zahlreichen Gefahren, etwa Reaktionen der Wettbewerber, technischen Risiken oder internen Widerständen, unterliegt.

Für die Risikoanalyse sind im ersten Schritt die relevanten Bedrohungspotenziale zu ermitteln, die dann bezüglich ihrer Auswirkungen auf den Erfolg der Projekts und ihrer Eintrittswahrscheinlichkeit zu bewerten sind. Für die zur Auswahl stehenden Projekte wird so das Bedrohungspotenzial bestimmt. Das heißt:

Wahrscheinlichkeit des Eintretens des Risikos	·	Ausmaß der Auswirkung des Risikos	=	Risikofaktor bzw. Bedrohungspotenzial

Viele Risikofaktoren sind bei der Bewertung ähnlich, so dass es sich wiederum anbietet, Bewertungsfaktoren einer Standardliste zu entnehmen und dann projektspezifisch zu erweitern bzw. einzuschränken. Tab. 4.7 gibt einen Überblick über oftmals einzusetzende Kriterien.

Die Eintrittswahrscheinlichkeit des Risikofaktors und das Maß der Auswirkung werden idealerweise mit Punkten auf einer 10-Punkte-Skala bewertet mit 1 = nicht wahrscheinlich/keine Auswirkung ... 10 = sehr wahrscheinlich/starke Auswirkung. Der Risikofaktor ergibt sich aus der Multiplikation der beiden Werte. Die Verwendung einer 10er-Skala ist insofern sinnvoll, als die Beurteilenden Wahrscheinlichkeiten leichter in Prozenten ausdrücken können, die dann leicht in diese Skala umzusetzen sind.

Risiko	Projekt I			Projekt II		
	Wahrsch.keit	Auswirkung	Risikofaktor	Wahrsch.keit	Auswirkung	Risikofaktor
Terminrisiken						
Projektabschlusstermin kann nicht eingehalten werden						
Projekt wird nicht termingerecht gestartet						
Kunde liefert Informationen nicht termingerecht						
Zwischenabnahmen sind zeitaufwendiger						
Kostenrisiken						
Kosten für Vorprodukte/Materialien steigen						
Personalkosten steigen						
Kalkulation erweist sich als zu optimistisch						
bestimmte Kostenarten wurden nicht berücksichtigt						
Finanzrisiken						
Budgetkürzungen treten ein						
Renditeanforderung steigt						
Finanzmittel werden verspätet freigegeben						
Fremdkapitalzinsen steigen						
Kundenrisiken						
Spezifikationen/Ziele werden kundenseitig geändert						
beim Kunden finden Personalwechsel statt						
projektrelevante Informationen werden nicht geliefert						
Projektvorgaben sind unzutreffend/unrichtig						
Mitarbeiterrisiken						
Personalkapazitäten reichen nicht aus						
Qualifikationen sind nicht angemessen						
Motivation reicht nicht aus/lässt nach						
Mitarbeiter werden unvorhergesehen abberufen						

Tab. 4.7: Kriterien der Risikobewertung von Projekten

Risiko	Projekt I			Projekt II		
	Wahrsch.keit	Auswirkung	Risikofaktor	Wahrsch.keit	Auswirkung	Risikofaktor
Marktrisiken						
relevante Nachfrage am Markt verändert sich						
Wettbewerber entwickeln ähnliches/besseres Projekt						
schwankende wirtschaftliche Rahmenbedingungen						
gesetzgeberische/rechtliche Risiken						
technische Risiken						
Know-how im Projekt reicht nicht aus						
Behinderungen durch geschützte Rechte						
technische/naturwissenschaftliche Lösbarkeit nicht gegeben						
Gesamt						

Tab. 4.7: Kriterien der Risikobewertung von Projekten (Fortsetzung)

Betrachten wir als Beispiel unser Call Center-Projekt. Die Risiken können mit Hilfe der in Tab. 4.8 aufgeführten Faktoren analysiert werden.

Der ermittelte Wert von 269 ist absolut kaum zu interpretieren, da er vor allem auch von der Zahl der Beurteilungskriterien abhängt. Geht es um einen direkten Vergleich zweier Projekte, dann ist die Aussage deutlich: Die Alternative mit dem geringeren Gesamtrisiko wird vorgezogen. Ist nur ein Projekt zu bewerten, um zumindest ein Gefühl für das Risikopotenzial zu bekommen, dann kann als erster Indikator der durchschnittliche Risikofaktor bestimmt werden. Hier liegt er bei 269 Punkte : 14 Kriterien = 19,2. In Anbetracht der möglichen Bandbreite von 1 (Wahrscheinlichkeit) · 1 (Auswirkung) = 1 bis 10 · 10 = 100 kann er noch als zu bewältigen gelten. Dabei zeigen sich auch die wesentlichen Risiken des Projekts: „Die Softwareerstellung dauert länger als geplant" und „der Marketingetat wird global gekürzt". Hierauf ist bei der Durchführung besonders zu achten.

Risiko	Wahr-scheinl.	Auswir-kung	Risiko-faktor
Terminrisiken			
Softwareerstellung dauert länger als geplant	7	8	56
innerbetriebliche Schulungen verzögern sich	5	4	20
Räume sind erst später verfügbar	4	1	4
Kostenrisiken			
Personalkosten steigen	3	3	9
es werden mehr Schulungstage benötigt	3	3	9
Lizenzen für Programmteile müssen zugekauft werden	2	4	8
Finanzrisiken			
Marketingetat wird global gekürzt	5	8	40
Finanzmittel werden verspätet freigegeben	4	7	28
Kundenrisiken			
Marketingleitung ändert Programmspezifikationen	3	5	15
zu schulende Mitarbeiter werden nicht rechtzeitig freigestellt	6	4	24
Mitarbeiterrisiken			
Programmiererkapazitäten reichen nicht aus	4	4	16
Qualifikation der Programmierer reicht nicht aus	3	4	12
Marktrisiken			
Call Center-Leistungen werden nicht mehr angenommen	2	9	18
neuer externer Dienstleister bietet die Leistung günstiger an	1	10	10
Gesamt			**269**

Tab. 4.8: Beispiel einer Risikobewertung

4.4 Verlustschwellenanalyse

Wenn es um die Beurteilung einer Neuproduktidee geht, dann wird oft die Gewinnschwellenanalyse eingesetzt. Sie ermittelt, ab welcher Absatzmenge die Investitionen und sonstige Fixkosten abgetragen sind und ein Gewinn erzielt wird. Es geht also darum, wie oft etwas hergestellt und verkauft werden muss. Im Projektmanagement kann man diese Frage nicht stellen, weil Projekte ja definitionsgemäß einmalig sind. Deswegen gibt es auch üblicherweise keine Gewinnschwelle, es ändert sich nichts an den Einnahmen.

Eher im Gegenteil. Die variable Größe sind die Ausgaben, geht man von einem festen Projektpreis (vereinbartes Budget, Preiszusage an Kunden usw.) aus. Deswegen kommt ein Projekt, rein finanziell gesehen, unter bestimmten Umständen in die Verlustzone. Das geschieht nämlich dann, wenn man an der vereinbarten Leistung zu lange arbeitet, zu viel Material verbraucht usw.

Daher sollte das Gegenstück zur Gewinnschwellenanalyse durchgeführt werden, eine Verlustschwellenanalyse (Bild 4.1). Da die verwendeten Größen transparent sind, ist die Analyse nicht viel mehr als eine Visualisierung, bezieht sich aber auf die zentrale Frage: Kann das Projekt profitabel durchgeführt werden und wie viel Reserve steht dabei zur Verfügung?

Auf der Ressourcenseite sind die Inputs (Personal in Manntagen, Material in Mengen und Gewichten, Kapital in Geld usw.) in Geld zu bewerten und entsprechend ihrer Eigenschaft als fix oder variabel darzustellen. Auf der Kosten-/Erlösseite werden der Ressourceneinsatz als Projektkosten und der Projekterlös dargestellt. Solange die Kosten unter dem Erlös bleiben, erzielt das Projekt einen Gewinn. In der Regel werden Ressourceneinsatz und Erlös so geplant, dass noch eine gewisse Toleranzzone innerhalb der Gewinnzone (der Sicherheitszone) besteht. So kann z. B. der Personaleinsatz notfalls noch gesteigert werden, ohne dass das Projekt gleich defizitär wird.

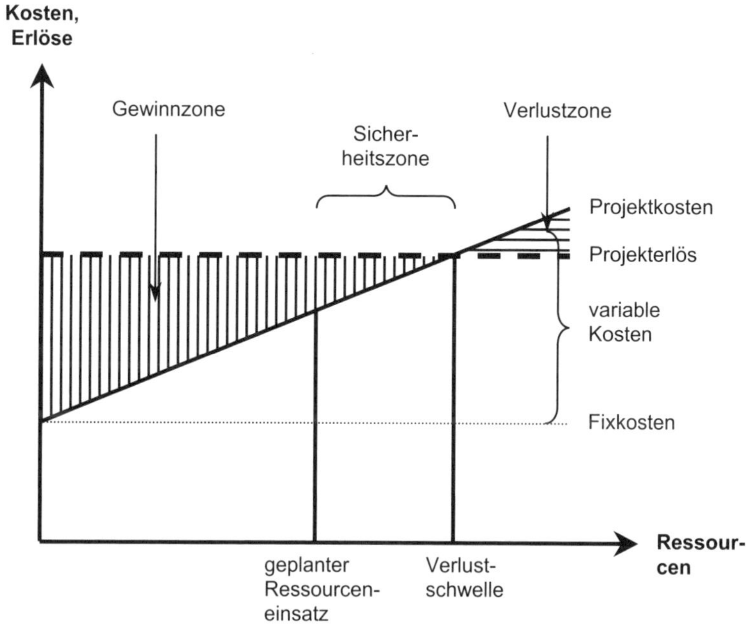

Bild 4.1: Verlustschwellendiagramm

4.5 Projektportfolios

Aus Unternehmenssicht stellt eine Vielzahl von Projekten auch ein Problem dar. Es gilt nämlich, die Übersicht zu behalten und ggf. zu entscheiden, welches Projekt einem anderen vorgezogen wird, wenn das Geld knapp wird. Für solche Aufgabenstellungen werden gerne Portfolios erstellt, die schon von der Beurteilung von Geschäftseinheiten (Relativer Marktanteil/Marktwachstum-Portfolio u. a.) oder von Kunden (Relative Lieferantenposition/Kundenattraktivität-Portfolio u. a.) bekannt sind. Das Grundprinzip ist immer die Beurteilung anhand zweier Faktoren und die Darstellung in einer Matrix. Die analytische Leistung erbringt die Bewertung der Geschäftseinheiten/Kunden/Projekte vorher, die Portfolios selbst sind nur ein Instrument der Darstellung.

Bei der Projektbewertung werden oft die Dimensionen **Nutzen und Risiko** für eine Portfoliokonstruktion herangezogen. Dies entspricht auch etwa dem ursprünglichen Portfoliogedanken, der aus der Finanzwirtschaft kommt. Dabei geht es um eine Bewertung von Wertpapieren (Aktien, Rentenwerten) anhand der Rendite und des Risikos. Ziel ist es, eine ausgewogene Mischung von risikoreichen und -armen Papieren bei einer angemessenen Rendite zu halten. Wobei in der Regel gilt: je höher die Rendite, desto größer das Risiko. Man muss also abwägen, ob man lieber ein höheres Risiko eingeht oder auf Renditeaussichten verzichtet, dafür aber mehr Sicherheit hat.

Wie Nutzen und Risiko eines Projektes zu bewerten sind, wurde bereits oben gezeigt. Um mehrere Projekte in einem Portfolio darstellen zu können, ist allerdings ein einheitliches Bewertungsschema erforderlich. Das heißt: Ein Projekt mit einem Nutzenwert von 240 muss entsprechend mehr Nutzen stiften als jedes andere mit 238, 215 oder 187 Punkten.

Bild 4.2 zeigt ein **Nutzen/Risiko-Portfolio**. Unterscheidet man jeweils eine stark/schwach-Bewertung, dann ergeben sich vier Felder, denen die Projekte zugeordnet werden können. Auch wenn die Grenze zwischen den Feldern nicht als harte Trennungslinie anzusehen ist, sondern vielmehr fließend verläuft, können typische Charakteristika der Projektarten und Strategieempfehlungen gegeben werden.

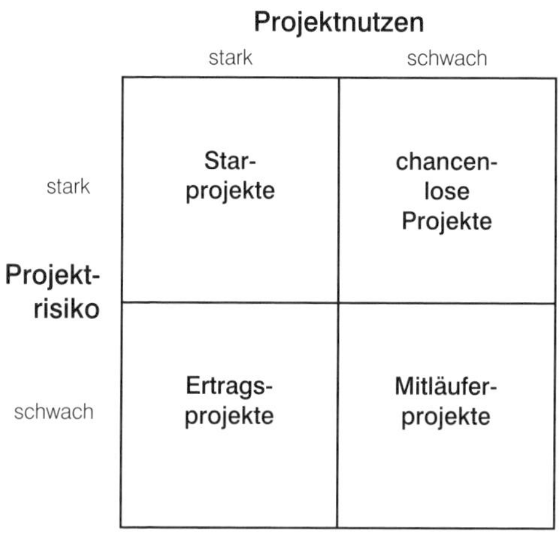

Bild 4.2: Nutzen/Risiko-Projektportfolio

Starprojekte – Das hohe Risiko wird durch einen hohen Nutzen ausgeglichen. Diese Projekte verlangen eine sorgfältige Abwägung vor der Durchführungsentscheidung und eine umfangreiche Betreuung. Vor allem sind die identifizierten Risiken zu beobachten. Starprojekte kommen beispielsweise vor, wenn ein neues Produkt auf den Markt gebracht wird oder Prozesse grundlegend umstrukturiert werden.

Ertragsprojekte – Das Risiko ist gering, der Nutzen aber trotzdem hoch. Das ist so etwa die Traumkombination; die Einnahmen sind nahezu sicher. Das Hauptaugenmerk liegt darauf, die geplanten Einnahmen auch wirklich zu realisieren, die Unterstützung ist damit sicher. Überdurchschnittlicher Aufwand für die Steuerung ist meist nicht erforderlich. Solche Projekte sind seltener als gewünscht. Sie ergeben sich beispielsweise, wenn im Bereich der Rationalisierung im Unternehmen lange vergessene Maßnahmen durchgeführt werden oder das Projektteam über ein überragendes Know-how (ggf. Patente) verfügt.

Mitläuferprojekte – Diese Projekte sind weder wirtschaftlich besonders interessant noch unterliegen sie einem nennenswerten Risiko. Es lohnt sich somit aus Sicht der Geschäftsleitung nicht, sich näher mit ihnen zu beschäftigen. Ihre Durchführung ist nur gesichert, solange sie ein positives Ergebnis bringen. Sollte dieses zweifelhaft werden, ist ein Ausstieg sinnvoll. Mitläuferprojekte existieren in großer Menge im Unternehmen. Sie werden gerne in Gang gesetzt, um kleinere Missstände zu beheben, Kosten aus einer Kostenstelle herauszuverlagern oder kleine Verbesserungen an Produkten durchzuführen.

Chancenlose Projekte – Diese Kategorie ist normalerweise nicht akzeptabel, weil der Nutzen in keinem annehmbaren Verhältnis zum Risiko steht. Werden solche Projekte beantragt, deutet dies eher auf eine mangelhafte Bewertung durch den Antragsteller oder unterschiedliche Bewertungskriterien hin. Im letzteren Fall sollten diese verglichen und ggf. korrigiert werden.

Neben diesem gibt es auch weitere Portfolios, deren Einsatz sich meist aber nur in bestimmten Branchen eignet. Für Unternehmen mit technologischen Projekten, z. B. Maschinen- und Anlagenbauer, eignet sich etwa auch das **Technologievorteil/Kundennutzen-Portfolio** (siehe z. B. Schelle 2001, S. 48 ff.).

Handelt es sich bei den zu bewertenden Projekten ausschließlich um Kundenprojekte, z. B. im Maschinenbau oder der Softwarebranche, dann können die Dimensionen **strategische Bedeutung/wirtschaftliche Bedeutung** sinnvoll sein (siehe ebenda, S. 54 ff.).

Schließlich findet man gelegentlich noch **Kosten/Nutzen-Portfolios**, die sich recht einfach erstellen lassen. Da es sich aber letztlich nur um eine Dimension, nämlich das Geld (Gewinn) handelt, ist die Aussagekraft eher eingeschränkt.

Betrachten wir ein Beispiel zur Portfolioanwendung. Das Unternehmen verfolgt zwölf Projekte, die wie im Bild 4.3 gezeigt bewertet werden. Die Größe der Kreise korreliert mit dem Budgetwert, so dass sich die Bedeutung der Projekte erkennen lässt.

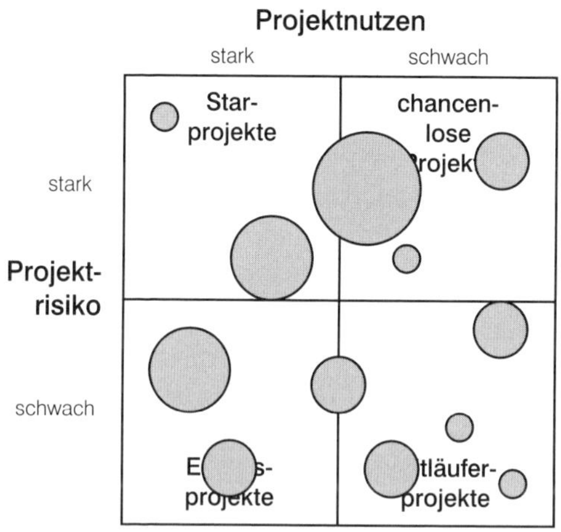

Bild 4.3: Beispiel einer Projekt-Portfolioanalyse

Hier zeigt sich, dass das Feld der chancenlosen Projekte insbesondere durch ein großes Projekt gefüllt ist, das möglicherweise unangemessen hohe Ressourcen bindet. Auch sind die Mitläuferprojekte recht stark vertreten. Insgesamt ist es notwendig, das Portfolio zu durchforsten.

4.6 Wirtschaftlichkeitsanalyse

Eine verlässliche Analyse der Wirtschaftlichkeit von Projekten ist nur in seltenen Fällen möglich. Das liegt ganz einfach an den typischen Merkmalen von Projekten: Sie sind neu und einmalig, so dass Erfahrungen aus der Vergangenheit kaum verwendet werden können und Schätzungen für die Zukunft einer großen Unsicherheit unterliegen. Dazu kommt, dass viele Projekte kein rein wirtschaftliches

Ziel haben, das sich in Geldeinheiten ausdrücken lässt. Denken wir nur an organisatorische oder kreative Projekte.

Auf der anderen Seite gibt es aber auch Industrien, deren Projekte direkt an den Kunden verkauft werden und daher immer dem Wirtschaftlichkeitsinteresse unterliegen, etwa Produktionsanlagen, Softwareprodukte oder Gebäude. Hier gibt es neben eindeutig feststellbaren Kosten auch einen zurechenbaren Erlös. Ob das Projekt insgesamt wirtschaftlich ist, lässt sich dann mit Hilfe von Investitionsrechenverfahren bestimmen. Hierfür stehen mehrere Verfahren zur Auswahl, die hier nicht alle dargestellt werden sollen.

In der Praxis kommen am häufigsten die Kostenvergleichsrechnung und die Kapitalwertmethode zum Einsatz:

- Die **Kostenvergleichsrechnung** ist einsetzbar, wenn zwei oder mehr Projekte mit gleichem Erlös, aber unterschiedlichen Kosten verglichen werden sollen. Dies geschieht vornehmlich bei Produktionsanlagen, die innerhalb der eigenen Fertigung eingesetzt werden.
- Die **Kapitalwertmethode** berechnet den Gegenwartswert der Zahlungsüberschüsse mehrerer Perioden, die ein Projekt verursacht. Sie eignet sich besonders dann, wenn unterschiedliche Zahlungsströme vorliegen und das Projekt über einen längeren Zeitraum läuft. Beispiele sind die Entwicklung neuer Produkte oder Dienstleistungen, die am Markt angeboten werden.

Kostenvergleichsrechnung

Die Kostenvergleichsrechnung ist ein statisches (einperiodisches) Verfahren der Investitionsrechnung, das die Kosten mehrerer Investitionsprojekte für eine durchschnittliche Periode miteinander vergleicht. Dazu wird unterstellt, dass alle Projekte zu den gleichen Ergebnissen (Gewinne, Umsätze) führen.

Folgende Kosten werden berücksichtigt:

- **Kapitalkosten** – Sie entsprechen der Abschreibung der Investition zuzüglich Zinsen.
- **Betriebskosten** – Sie umfassen die laufenden Kosten der Leistungserstellung wie Material, Strom, Arbeitskosten usw.
- **Zinskosten** – Sie entsprechen den Zinsen auf das durchschnittlich gebundene Kapital, das heißt die Hälfte der Investitionssumme.

Die gesamten Durchschnittskosten einer Anlage sind somit:

$$K = \text{Betriebskosten} + \text{Abschreibungsbetrag} + \text{durchschnittlich gebundenes Kapital} \cdot \text{Zinssatz}$$

oder: $K = B + \frac{A}{n} + \frac{A}{2} \cdot i$

mit K = Gesamtkosten einer Periode
B = Betriebskosten, A = Investitionssumme
n = Nutzungsdauer, i = Zinssatz

Diese Formel gilt jedoch nur, wenn die Investition zum Ende der letzten Nutzungsperiode vollständig abgeschrieben ist. Wird ein Restwert berücksichtigt, weil die Anlage weiterverwendet werden kann oder verkauft werden soll, ist die Formel zu erweitern.

Sie sieht dann wie folgt aus:

$K = B + \frac{A-R}{n} + \frac{A+R}{2} \cdot i$ mit: R = Restwert, sonst wie oben.

Sind die Kosten gemäß der angegebenen Formeln ermittelt, kann ein Vergleich zweier oder mehrerer Investitionsprojekte hergestellt werden.

Betrachten wir dazu ein Beispiel. Für zwei Investitionsprojekte werden die in Tab. 4.9 gezeigten Daten geschätzt:

Projekt	1	2
Investitionssumme A	4.400.000	3.600.000
Restwert R	800.000	0
Nutzungsdauer n	6	5
Betriebskosten B	600.000	540.000
Kalkulatorischer Zinssatz i	10 %	10 %

Tab. 4.9: Beispiel einer Kostenvergleichsrechnung

Für Projekt 1 ergibt sich:

$$K = 600.000 + \frac{4.400.000 - 800.000}{6} + \frac{4.400.000 + 800.000}{2} \cdot 0{,}1 = 1.460.000$$

Für Projekt 2 ergibt sich:

$$K = 540.000 + \frac{3.600.000}{5} + \frac{3.600.000}{2} \cdot 0{,}1 = 1.440.000$$

Projekt 2 ist also günstiger.

Kapitalwertmethode

Die Kapitalwertmethode gehört zu den finanzmathematischen Investitionsrechnungsverfahren. Sie berücksichtigt Ein- und Auszahlungen über die gesamte Lebensdauer eines Projekts. Für jede Periode des Betrachtungszeitraums wird die Differenz aus Einzahlungen und Auszahlungen ab- oder aufgezinst. Damit werden sämtliche Zahlungsüberschüsse (bzw. Zahlungsdefizite) auf einen Zeitpunkt bezogen, meist den Zeitpunkt 0 (heute) oder einen anderen (meist das Ende des Betrachtungszeitraums). Durch den Bezug der Zahlungen auf einen Zeitpunkt wird es möglich, Projekte mit unterschiedlichen Zahlungsverläufen und Dauern miteinander zu vergleichen.

Die Kapitalwertformel lautet:

$$K_0 = \sum_{t=0}^{n} (E_t - A_t) \cdot (1+i)^{-t} \quad \text{mit:}$$

K_0 = Kapitalwert (Wert der Zahlungsüberschüsse[-defizite] zum Zeitpunkt 0)
E_t = Einzahlungen am Ende der Periode t
A_t = Auszahlungen am Ende der Periode t
i = Kalkulationszinssatz (z. B. 0,1 für 10 %)
t = Periodenindex
n = Betrachtungszeitraum in Perioden

Der **Abzinsungsfaktor** berücksichtigt die Tatsache, dass ein Euro heute mehr wert ist als etwa in zehn Jahren. So würde es ausreichen, heute 0,3855 EUR zu einem Zinssatz von 10 % fest anzulegen, um nach zehn Jahren 1 EUR zu erhalten. Liegt der Kalkulationszinssatz bei 5 %, so sind 0,6139 EUR anzulegen. Der Abzinsungsfaktor lautet:

$$\text{Abzinsungsfaktor} = (1+i)^{-n} = \frac{1}{(1+i)^n}$$

mit: i = kalkulatorischer Zinssatz n = Zahl der Perioden

Jahr	i = 0,01	i = 0,03	i = 0,05	i = 0,10	i = 0,20
0	1	1	1	1	1
1	0,9901	0,9709	0,9524	0,9091	0,8333
2	0,9803	0,9426	0,9070	0,8264	0,6944
3	0,9706	0,9151	0,8638	0,7513	0,5787
4	0,9610	0,8885	0,8227	0,6830	0,4823
5	0,9515	0,8626	0,7835	0,6209	0,4019
6	0,9420	0,8375	0,7462	0,5645	0,3349
7	0,9327	0,8131	0,7107	0,5132	0,2791
8	0,9235	0,7894	0,6768	0,4665	0,2326
9	0,9143	0,7664	0,6446	0,4241	0,1938
10	0,9053	0,7441	0,6139	0,3855	0,1615

Tab. 4.10: Abzinsungsfaktoren

Mit Hilfe dieser Formel ist es leicht möglich, eine Tabelle mit Abzinsungsfaktoren für die wichtigsten Zinssätze und Perioden zu erstellen (Tab. 4.10).

Angenommen, der Kalkulationszinssatz wird auf 10 %, die wirtschaftliche Nutzung der Investition/die Betrachtungsdauer auf acht Jahre festgelegt und es werden folgende Zahlungsdifferenzen ($E_t - A_t$) erwartet (Tab. 4.11):

Periode	$E_t - A_t$	Abzinsungsfaktor	Barwert
0	– 150.000	1	– 150.000
1	– 100.000	0,9091	– 90.910
2	– 50.000	0,8264	– 41.320
3	– 20.000	0,7513	– 15.026
4	+ 20.000	0,6830	+ 13.660
5	+ 80.000	0,6209	+ 49.672
6	+ 120.000	0,5645	+ 67.740
7	+ 160.000	0,5132	+ 82.112
8	+ 200.000	0,4665	+ 93.300
K_0			**+ 9.228**

Tab. 4.11: Kapitalwertberechnung

Der Kapitalwert der gesamten Zahlungsreihe beträgt 9.228 EUR. Es ist daher vorteilhaft, diese Investition durchzuführen. Die gesamte wirtschaftliche Leistung dieser Investition entspricht einem heutigen Guthaben von 9.228 EUR.

4.7 Wertbeitrag eines Projekts

In den Zeiten des Börsenbooms zum Ende den neunziger Jahre rückte der Wert eines Unternehmens in den Mittelpunkt des Interesses.

Das Unternehmen insgesamt sowie die bedeutenderen Projekte werden besonderen Anforderungen unterzogen, was die Verzinsung des eingesetzten Kapitals angeht. Beispielsweise wird darauf geachtet, dass ein Investitionsprojekt mindestens die im Unternehmen erwartete Verzinsung erbringt.

Diese Vorschrift ist allerdings nur dann anwendbar, wenn dem Projekt Investitionen eindeutig zurechenbar sind. Dies ist beispielsweise bei Kundenprojekten im Anlagenbau oder bei Technologieprojekten innerhalb des Unternehmens meist der Fall, bei einfachen organisatorischen Änderungen jedoch kaum möglich.

Als Nächstes stellt sich die Frage, welche Maßgröße geeignet ist, den Wertbeitrag eines Projekts zu messen. Es gibt durchaus eine gewisse Auswahl an Kennzahlen, die sich aber nicht alle gleich gut für die Projektsteuerung eignen. An dieser Stelle wird das **Residual Income** empfohlen. Es ist eine Erfolgsgröße, die den Überschuss über das zurechenbare Kapital angibt.

Um die Anwendung und insbesondere die Problematik dieser Kennzahl zu zeigen, soll sie hier auf ein kleines Beispiel angewandt werden. Das Unternehmen muss über zwei Projekte A und B entscheiden. Es erreicht gegenwärtig eine Kapitalrendite (Return on Investment, ROI) von 15 %. Der ROI ist definiert als:

$$\text{ROI} = \frac{\text{Gewinn} + \text{Fremdkapitalzinsen}}{\text{Gesamtkapital}}$$

Die geplante Rendite des Projekts A liegt bei 20 %, die von B bei 12 %. Das Unternehmen steht nun vor der Entscheidung, 1 Mio. EUR für eines der Projekte zu investieren. Für A ergäbe sich ein Überschuss von 200.000 EUR, für B einer von 120.000 EUR, entsprechend 20 % bzw. 12 % Rendite. Beide Projekte erbringen eine Rendite, die über der aktuellen liegt. Beide Antagsteller nehmen für sich in Anspruch, ein profitables Projekt vorzuhaben.

Das Residual Income berücksichtigt das eingesetzte Kapital mit einer durchschnittlichen Verzinsung. Den Projekten werden dabei für die Investitionssumme von 1 Mio. EUR vom Überschuss 150.000 EUR Kapitalkosten abgezogen. Das entspricht der im Unternehmen angestrebten Verzinsung von 15 %, die wie oben gesehen noch nicht erreicht wird. So ergibt sich die in Tab. 4.12 gezeigte Situation.

	Projekt A	Projekt B
Investitionssumme	1.000.000	1.000.000
erwarteter Überschuss	200.000	120.000
– Kapitalkosten (15 %)	150.000	150.000
= Residual Income	50.000	– 30.000

Tab. 4.12: Residual Income-Beispiel

Das Projekt A erwirtschaftet ein positives Residual Income, so dass die Investition durchzuführen wäre. Bei B ist es negativ, so dass darauf verzichtet wird. Für das Unternehmen insgesamt ist diese Entscheidung richtig. Es hat bei dieser Vorgehensweise weiterhin die Möglichkeit, den Kapitalkostensatz zu verändern, und zwar in Abhängigkeit vom Risiko eines Projekts. Wäre die Investition besonders hohen Risiken ausgesetzt, könnten beispielsweise 25 % Kapitalkosten angesetzt werden, so dass sie nur bei besonders hohem erwarteten Überschuss durchgeführt würde.

Beim Ansatz von Kapitalkennziffern ist auf jeden Fall zu berücksichtigen, dass den Projekten nur das von ihnen zu verantwortende Kapital zugerechnet wird. Betrifft eine Investition sowohl zentrale als auch dezentrale Produktionsbereiche (z. B. Infrastruktur, Gebäude), müssen die Kosten entsprechend aufgeteilt werden.

5 Budgetplanung

5.1 Das Problem der Projektbudgetierung

Das Budget ist die zentrale Größe für die Projektleitung. Ein hohes Budget eröffnet mehr Möglichkeiten, das Projekt voranzubringen, hält Reserven für Eventualitäten bereit, eröffnet Spielräume bei Preisverhandlungen und verleiht natürlich auch eine gewisse Macht. Insofern haben Projektleiter ein Interesse an einem möglichst hohen Budget.

Aber da ist ja auch noch die Unternehmensleitung bzw. der externe Auftraggeber. Sie haben ganz andere Interessen, vergeben den Auftrag eher an den Projektleiter, der knapp kalkuliert bzw. einen Mitbewerber unterbietet. Gleiche Leistung bei geringerem Budget heißt höhere Rendite. Vielleicht aber auch Nachforderungen wegen „unerwartet“ höherer Kosten.

Wie soll sich die Projektleitung nun entscheiden? Soll sie lieber ein paar Euro zur Sicherheit einplanen oder soll sie lieber knapp planen? Die Frage der Budgetierung ist also auch eine des Taktierens und nicht selten auch des Bluffens. Grundlage ist aber letztlich immer eine rationale Einschätzung der Kosten. Um diese kümmern wir uns in diesem Abschnitt. Was Sie daraus machen, ist Ihre Sache. Je mehr Unwägbarkeiten vorhanden sind, desto komfortabler werden Sie das Budget auslegen wollen. Je mehr Konkurrenz Sie um die finanziellen Ressourcen haben, desto knapper werden Sie kalkulieren müssen.

Die häufigsten (und damit auch abgenutztesten) Ausreden, wenn am Ende das Budget nicht gestimmt hat:

Wir teilen das Thema daher in einzelne Teile und gehen zunächst auf die Kapazitätsplanung ein.

Die Kapazitätsplanung kann dann relativ leicht vorgenommen werden, wenn bereits ein **Netzplan** (oder Balkendiagramm) erstellt wurde oder sonst wie bekannt ist, wann welches Teilprojekt erledigt wird. Dann ist vor allem auch bekannt, wann Tätigkeiten parallel erledigt werden müssen. Hierin liegt einerseits der wesentliche Vorteil der Netzplantechnik (aber letztlich auch jeder Form von Projektplanung), andererseits aber auch der Nachteil. Das parallele Erledigen von Aufgaben „staucht" den ganzen Projektplan, so dass Zeit gespart wird, es setzt aber auch ausreichende Kapazitäten voraus. Stehen also nicht genügend Mitarbeiter (oder Maschinen, Arbeitsplätze usw.) zur Verfügung, müssen die Aufgaben entzerrt werden. Dann dauert es aber wieder länger. Die Projektleitung muss jeweils entscheiden, was wichtiger ist: schneller fertig werden, dafür aber Geld für höhere Kapazitäten ausgeben, oder länger arbeiten, dafür aber mit einer geringeren Gesamtkapazität auskommen.

Beispiel: Die Werbeabteilung soll bis zum 31. August eine Werbekampagne entwickeln. Es ist der 1. Juli und der Etatdirektor erstellt einen Plan für die verbleibenden zwei Monate. Nach den konzeptionellen Vorarbeiten benötigt er für den August vier Grafiker. Diese sind aber in einem anderen Projekt eingeplant, das bis ca. 20. August laufen soll. Wartet er auf diese Leute (Angestellte der Agentur), dann verschiebt sich sein Projekt um ca. drei Wochen. Alternativ kann er auch Freelancer einsetzen, die allerdings höhere Tagessätze haben und erst einmal „gebrieft" werden müssen. Die Mehrkosten würden sich auf rund 15.000 EUR belaufen. Die entscheidende Frage ist somit, ob der Auftraggeber um drei Wochen zu vertrösten wäre oder die Mehrkosten das kleinere Übel wären.

Es ist nun zu ermitteln, wann welche Kapazitäten zur Verfügung stehen, welche ggf. noch aufgebaut werden müssen. Beispielsweise kann es erforderlich sein, extern Mitarbeiter oder Verarbeitungskapazitäten zu beschaffen. Mit den Daten eines Netzplans oder Balkendiagramms kann nun ein **Kapazitäts-** oder **Belastungsdiagramm** gezeichnet werden. Dabei wird der Kapazitätsbedarf in Abhängigkeit von der Zeit abgetragen.

Das bereits bekannte Beispiel des Call Centers kann hier nicht als Beispiel verwendet werden, weil für jedes Teilprojekt unterschiedlich qualifizierte Personen benötigt werden, für die jeweils eine separate Kapazitätsplanung erforderlich ist. Dies läuft bei vier Qualifikationen auf vier Diagramme mit jeweils einer Tätigkeitsart hinaus (es sind ja keine Verschiebungen der Mitarbeiter auf unterschiedliche Tätigkeiten möglich). Dies lässt sich einfach durch einen Blick auf den Projektplan erledigen.

Interessant wird die Kapazitätsplanung, wenn für unterschiedliche Projektaufgaben auf einen homogenen Mitarbeiterpool zurückgegriffen wird. Hier besteht eine Möglichkeit der Kostensenkung ja gerade darin, die Mitarbeiter optimal auf die Teilprojekte zu verteilen, so dass die Kapazität immer ausreicht, es aber auch möglichst keinen Leerlauf gibt.

Beispiel: In einer Werbeabteilung, die das Projekt „Umstellung der Unternehmenskommunikation auf die neue Corporate Identity" betreut, soll der Einsatz der Grafiker für einzelne Teilprojekte geplant werden. Als Ausgangspunkt wird ein Balkendiagramm verwendet, das die zeitliche Lage der Teilprojekte anzeigt (Bild 5.1). Dabei handelt es sich um die einzelnen Drucksachen und Werbemittel, die von dem Projekt betroffen sind. Abhängigkeiten unter den Teilprojekten ergeben sich daraus, dass einige Arbeiten auch für spätere Phasen verwendet werden können.

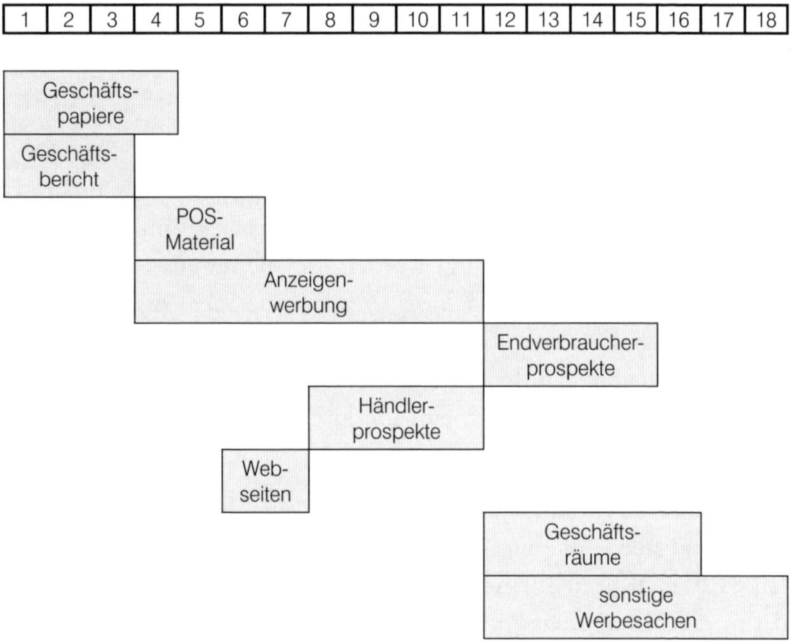

Bild 5.1: Balkendiagramm des Corporate Identity-Projekts

Bild 5.2 zeigt dazu das zugehörige Kapazitäts-(Belastungs-)Diagramm. Jede Box symbolisiert eine Tätigkeit. Je weiter sie sich in der Senkrechten erstreckt, desto höher ist der Ressourcen-(Personal-) Bedarf. In diesem Fall ergibt sich die Spitzenbelastung in Woche 4, wenn Geschäftspapiere, Geschäftsbericht und POS-Material gleichzeitig überarbeitet werden. Die Projektleitung muss nun in diesem Umfang Kapazitäten beschaffen oder durch eine Umverteilung der Tätigkeiten die Spitzenkapazität verringern und die Belastung stärker ausgleichen.

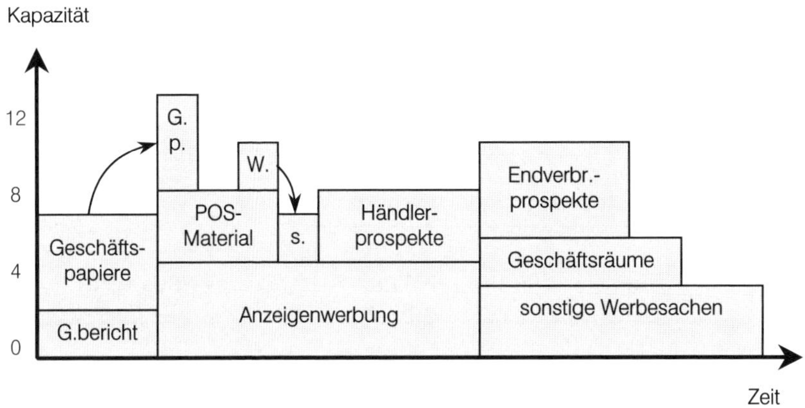

Bild 5.2: Kapazitätsdiagramm Corporate Identity-Projekt

Zum Beispiel ergibt sich gegen Ende eine geringere Kapazitätsnutzung, so dass mitunter die Webseiten später bearbeitet werden können. Der Bereich POS-Material könnte nach hinten verschoben werden, so dass der hohe Kapazitätsbedarf in Woche 4 entfällt. Wenn nun noch die Bearbeitung der Endverbraucherprospekte durch geringeren Personaleinsatz etwas gestreckt werden könnte, dann ließe sich der maximale Kapazitätsbedarf bei nur geringer Zeitverschiebung wesentlich senken. Der optimierte Plan wird im Bild 5.3 gezeigt.

Nun ist es allerdings mit dem Verschieben alleine nicht getan. Es muss auch festgestellt werden, ob die Neuordnung logisch möglich ist, das heißt ob auch wirklich die eher unwichtigen Teilaufgaben nach hinten verschoben werden. Die Projektleitung ist dafür verantwortlich, dies im Auge zu behalten!

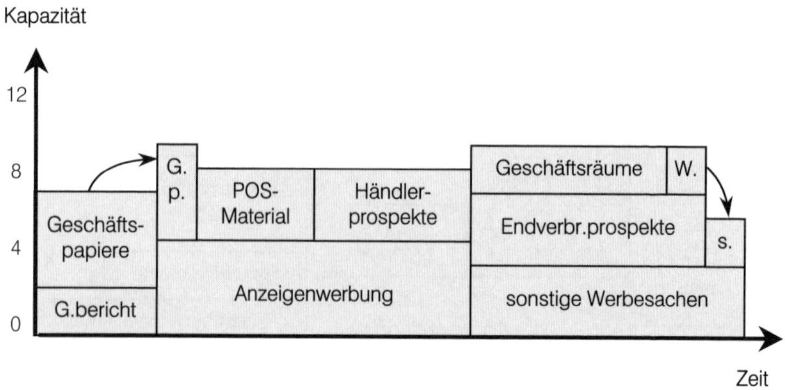

Bild 5.3: Optimierter Kapazitätsplan

Als Folge dieser optimierten Kapazitätsnutzung muss auch das Balkendiagramm entsprechend angepasst werden. Es hilft dann auch bei der Prüfung, ob die Änderungen überhaupt möglich sind.

5.3 Kostenplanung

5.3.1 Vorgehensweise

Die Kostenplanung ist der letzte vorbereitende Schritt des Projektmanagements. Sie ist letztes Entscheidungskriterium für die Genehmigung eines Projekts und Ausgangspunkt für laufende Kontrollen. Zunächst sind die relevanten Kostenarten festzulegen, die für die Durchführung des Projekts anfallen:

- Personalkosten, z. B. Gehälter, Honorare, Personalnebenkosten
- Nutzung der Unternehmensinfrastruktur, z. B. Räume, Testeinrichtungen, EDV, Fahrzeuge
- Verbrauchsmaterial, vor allem Büromaterial
- Fremdleistungen, z. B. Gutachten, Schulung, Entwicklung
- Kommunikationskosten, z. B. Telefongebühren, Reisekosten

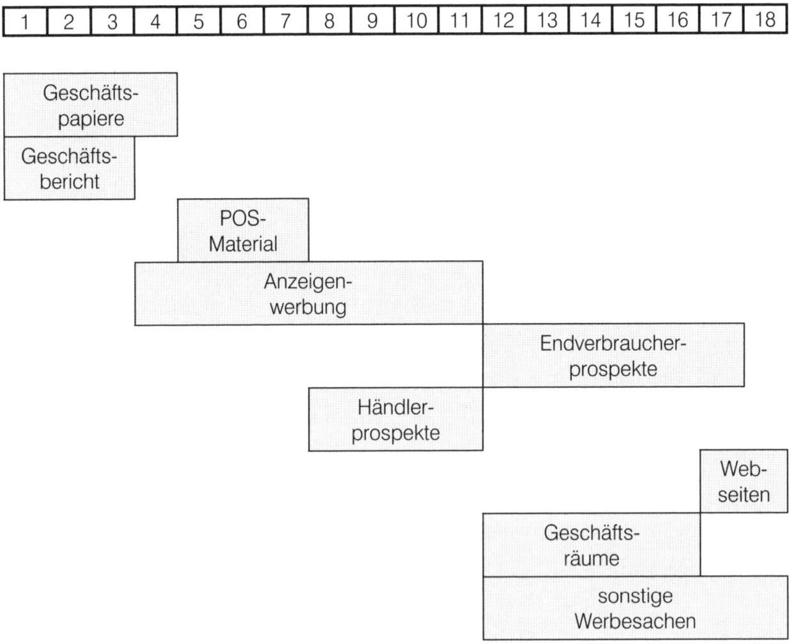

Bild 5.4: Neues Balkendiagramm des Corporate Identity-Projekts

Grundsätzlich können zwei Arten der **Vorgehensweise bei der Kostenplanung** unterschieden werden:

- Bei der **Neuschätzung** wird mit den einzelnen, jeweils neu festzulegenden Kostenarten eine neue Kalkulation begonnen. Dieses Verfahren unterliegt einer großen Unsicherheit, weil nur wenige Komponenten über einen längeren Zeitraum prognostiziert werden können.
- Eine sicherere Planungsgrundlage stellt die **Analogiemethode** dar, die jedoch die Existenz eines ähnlichen Projekts voraussetzt. Dann kann die Kostenplanung im Vergleich zum alten Projekt vorgenommen werden, wobei erwartete Abweichungen näher beschrieben und begründet werden. Die Glaubwürdigkeit dieser

Kostenplanung ist wesentlich höher einzuschätzen, damit verbunden aber auch die Anforderung an die Projektleitung, die Kostenplanung entsprechend einzuhalten.

In den seltensten Fällen hat man aber die Möglichkeit, sich zwischen den Methoden zu entscheiden. Das liegt nicht zuletzt daran, dass Projekte nun einmal definitionsgemäß individuell und einmalig sind und somit allenfalls einzelne Bausteine auf der Basis von Erfahrungen der Vergangenheit geplant werden können. Dies könnte bei einzelnen Funktionen in Softwareprojekten oder bei Schulungsmaßnahmen der Fall sein. Vor allem die Kreativeren im Projektteam werden von solchen Verfahren wenig begeistert sein und sich unter Druck gesetzt fühlen, eine Standardware abzuliefern. In der Regel wird der Projektleitung also nichts anderes übrig bleiben, als eine Einzel- und Neuplanung vorzunehmen und die damit verbundenen Risiken auf sich zu nehmen.

5.3.2 Personalkostenplanung

Personalkosten werden in der Kostenrechnung meist in Löhne und Gehälter unterschieden. Dies hat eher historische Wurzeln und zieht eine Trennung zwischen Arbeitern und Angestellten, die in einigen Branchen aber schon abgeschafft ist. Für das Projektmanagement ist das irrelevant, so dass allgemein von Personalkosten gesprochen werden kann.

Für Projektleiter ist in erster Linie relevant, ob die Personalausgaben veränderbar sind oder nicht. Sein eigenes (kalkulatorisches) Gehalt – fixe Kosten – ist beispielsweise über die Projektlaufzeit unveränderbar, Aushilfen sowie Externe – variable Kosten – können je nach tatsächlichem Kapazitätsbedarf stärker oder weniger stark in Anspruch genommen werden. Mal lässt sich ein genauer Kostensatz pro Zeit- bzw. Leistungseinheit ermitteln, mal muss einfach die Anwesenheit pauschal bezahlt werden, weil eine leitende Tätigkeit oder komplexe Abläufe vorliegen.

Pauschale Personalkostenermittlung

Grundlegend können daher zwei Bereiche der Personalkostenermittlung unterschieden werden:

- die pauschale Tagessatzermittlung und
- die Kalkulation einzelner Leistungen.

In klassischen Gemeinkostenprojekten (Entwicklung von Verbesserungsmaßnahmen, kreative Projekte u. Ä.) wird fast ausschließlich auf Tagessatzbasis geplant. Dabei wird aufgrund der Zeit- und Kapazitätsplanung ermittelt, wie viele Arbeitstage pro Projektmitglied (individuell oder nach Gehaltsklassen) zu berechnen sind. Für diese Arbeitstage muss dann der jeweilige Tagessatz bestimmt werden, was nicht annähernd so einfach ist wie angenommen.

Externe Mitarbeiter sind einfacher zu bearbeiten, weil sie diese kalkulatorische Tätigkeit selbst übernehmen. Für die Angestellten des eigenen Unternehmens, die im Projekt als „abgestellte Mitarbeiter“ eingesetzt werden, sieht es etwa wie in Tab. 5.1 gezeigt aus, wobei für die Versicherungssätze der Einfachheit halber glatte Zahlen verwendet werden (je nach Gehaltshöhe ergeben sich ohnehin Unterschiede durch Über-/Unterschreiten der Beitragsbemessungsgrenzen, wir unterstellen hier Einkünfte unterhalb der Grenzen).

Die Zahl der durchschnittlichen Arbeitstage ändert sich kaum, die der Sozialversicherungsbeiträge zwar des Öfteren, jedoch kann man ohne weiteres mit pauschalen Sätzen arbeiten, um diese Rechnung nur einmal durchführen zu müssen.

Berechnung der Arbeitstage pro Jahr:	
theoretische Zahl der Arbeitstage pro Jahr:	$52 \cdot 5 = 260$
abzüglich durchschnittliche Zahl der Feiertage:	– 12 = 248
abzüglich durchschnittliche Zahl der Urlaubstage:	– 30 = 218
abzüglich durchschnittliche Zahl der Krankheitstage:	– 8 = 210
Berechnung des Gesamtgehalts pro Jahr:	
Bruttogehalt:	45.000 EUR
Arbeitgeberanteil Krankenversicherung	7 % = 3.150 EUR
Arbeitgeberanteil Rentenversicherung	10 % = 4.500 EUR
Arbeitgeberanteil Arbeitslosenversicherung	3 % = 1.350 EUR
freiwillige Vergünstigungen (Kantine u. Ä.)	5 % = 2.250 EUR
Gesamtgehaltskosten pro Jahr:	(+ 25 %) = 56.250 EUR
Brutto-Tagessatz:	**56.250 EUR : 210 = 268 EUR**

Tab. 5.1: Beispiel einer Tagessatz-Kalkulation

Diese Rechnung berücksichtigt allerdings nur die reinen Personalkosten. Sie setzt voraus, dass alle weiteren personenbezogenen Kosten separat geplant werden. Davon sind etwa Büromaterial, Arbeitsplatz (Raummiete, Abschreibung für PC usw.), Kommunikations- und ggf. Reisekosten betroffen. Diese lassen sich jedoch auch von vornherein als pauschaler Aufschlag auf die Gehaltskosten kalkulieren. Auch wenn die Rechnung dadurch nicht genauer wird, vereinfacht sich die Planung doch erheblich, weil die Tagessätze in vielen Projekten (ohne Produktion, Tests usw.) dann die einzige Kalkulationsgröße sind.

Die jeweils anzusetzenden Kosten sind natürlich vom Einzelfall abhängig, so dass die Kalkulation in Tab. 5.2 nur ein Beispiel sein kann:

- Für Räume wurde auf der Basis von 30 qm pro Person (Arbeitsplatz + anteilig Sozialräume, Zugänge usw.) und einer Brutto-Miete von 30 EUR/qm und Monat (inkl. Nebenkosten wie Heizung, Reinigung) kalkuliert. Dadurch ergeben sich pro Arbeitstag 51 EUR (30 · 30 · 12 : 210).
- Für Kommunikation werden pauschal 10 EUR/Tag angesetzt.
- Büromaterial wird mit 5 EUR/Tag angesetzt.
- Als Arbeitsmittel schlagen vor allem die EDV-Ausstattung und Tagungstechnik zu Buche. Eine exakte Planung ist schon deswegen nicht möglich, weil die Nutzungsdauer der Geräte schlecht planbar und insgesamt auch kaum kontrollierbar ist. Sofern allgemein bekannte Bürogeräte wie PC, Standardsoftware usw. eingesetzt werden, kann etwa mit 25 EUR pro Tag gerechnet werden.
- Reisekosten spielen, wie bereits an anderer Stelle erwähnt, mal eine große, mal gar keine Rolle. Hier muss man einfach überlegen, ob regelmäßige Fahrten mit Privat- oder Firmenwagen in Frage kommen (z. B. zwischen zwei Firmenstandorten). Umfangreichere Dienstreisen sollten auf jeden Fall separat budgetiert werden.

Tagessatz Gesamtgehalt	**268 EUR**
Raumkosten pro Tag	51 EUR
Kommunikationskosten pro Tag	10 EUR
Büromaterialkosten pro Tag	5 EUR
Arbeitsmittelkosten pro Tag	25 EUR
Reisekosten bei durchschnittlich 20 km pro Tag mit Privatwagen (bei 0,30 EUR/km)	6 EUR
Gesamtkostensatz pro Tag	**365 EUR**
bzw. als Zuschlagssatz auf Tagessatz Gesamtgehalt	**36 %**

Tab. 5.2: Beispiel Kalkulation Gesamtkosten pro Tag

Die Gesamtkostenermittlung mit Hilfe eines Zuschlagssatzes stellt eine weitere Vereinfachung dar, zumal auch die Einzelposten nur grob zu schätzen sind. Das Gehalt als Bezugsbasis kann durchaus sinnvoll sein, weil einige Ausgaben der Höhe nach parallel zum Einkommen verlaufen. Somit können die Projektpersonalkosten recht einfach mit Zuschlagssätzen oder Multiplikatoren budgetiert werden, wenn nicht besondere Gründe dagegen sprechen.

Allerdings muss berücksichtigt werden, dass die Gehaltsinformationen der Projektleitung nicht immer bekannt sind bzw. sein dürfen (vor allem wenn Kollegen aus anderen Abteilungen nur für dieses Projekt delegiert werden). Hier müssen Sie sich mit Gehaltsklassen (Tarifklassen) oder Schätzungen behelfen. In diesen Fällen ist aber auch dem Auftraggeber klar, dass es sich um eine kalkulatorische Berechnung handelt, die zwar Entscheidungsgrundlage ist, aber nicht zu einer Rechnung an Externe führt.

Gesamtpersonalbedarf (inkl. Leitung):	6 Personen
Gesamtzeitbedarf:	15 Tage
Gehaltsklasse:	durchschnittlich 50.000 EUR
Multiplikator (für Personalzusatz- und sonstige Kosten):	1,70
Tagessatz (brutto):	405 EUR
Projektpersonalkosten:	**36.450 EUR**

Tab. 5.3: Beispiel einer Projektpersonalkostenkalkulation

Personalkostenermittlung für Externe

Nun zu den selbstständigen Externen, die als Aushilfen (hiermit sind nicht geringfügig Beschäftigte oder Leiharbeiter gemeint; bei diesen wären wieder andere Besonderheiten zu beachten), Moderatoren, Berater oder Spezialisten für einzelne Tätigkeiten in das Projekt eingebunden werden können. Da diese für ihre Steuern, Versicherungen und Nebenkosten selbst zu sorgen haben, muss nur der vereinbarte

Tagessatz für die Budgetplanung eingesetzt werden.

Meist kommt es an dieser Stelle zu gewissen Zweifeln, welche Honorarsätze angemessen sind. Ein Kostenvergleich zwischen angestellten Kollegen und freien Projektmitgliedern ist jedoch kaum vernünftig anzustellen. Dies liegt nicht nur an unterschiedlichen Leistungsmerkmalen. Vielmehr setzt der oben errechnete Tagessatz von 405 EUR eine vollständige Auslastung und vor allem das Fehlen jeglicher Akquisitionszeiten voraus.

Wird nun eine gewisse zeitliche Flexibilität (Verfügbarkeit auf Abruf) erwartet, muss der damit zwangsläufig verbundene Leerlauf mit abgegolten werden. Wäre der im Unternehmen angestellte Projektmitarbeiter beispielsweise nur zu zwei Drittel ausgelastet, läge der kalkulatorische Tagessatz schon bei 614 EUR. Damit ist noch nicht unbedingt das Ende erreicht.

Bei der Zusammenarbeit mit externen Projektmitarbeitern sind besondere Risiken zu beachten!

Die Zusammenarbeit mit Externen unterliegt besonderen Risiken wie etwa der Verfügbarkeit oder der Qualifikation. Möglicherweise müssen Ersatzmitglieder für das Projekt beschafft werden, die zu weiteren Kosten führen. Daher ist es sinnvoll, einen Sicherheitszuschlag einzukalkulieren, um solche Kosten auffangen zu können. Dafür entfallen Kostenanteile für freiwillige Vergünstigungen, die bei den Kosten für Angestellte enthalten sind.

Die Personalkostenbudgetierung für Externe ist aber keineswegs nur eine Sache der Kalkulation, sondern auch der Marktsituation. Welcher Honorarsatz tatsächlich gezahlt wird, hängt auch von der aktuellen Nachfrage nach dieser Qualifikation ab. Insofern können Sätze sowohl weit über dem Kostenansatz, aber auch weit darunter liegen.

Ein weiteres Argument ist die Dauer der Beschäftigung. Bei längeren Tätigkeiten ist es gerechtfertigt, entsprechende Reduzierungen bei den Honoraren einzuplanen, weil der „Verfügbarkeitszuschlag" entfällt. Tab. 5.4 zeigt eine Personalkostenkalkulation unter Berücksichtigung eigener und fremder Mitarbeiter.

Gesamtpersonalbedarf (inkl. Leitung):	255 „Mann"-Tage
Gesamtzeitbedarf:	65 Tage
Gehaltsklasse eigene Mitarbeiter:	durchschnittlich 55.000 EUR
Multiplikator (für Personalzusatz- und sonstige Kosten):	1,70
Tagessatz eigene Mitarbeiter (brutto):	445 EUR
Einsatztage eigene Mitarbeiter:	190 Tage
Tagessatz fremde Mitarbeiter tagesweise:	710 EUR
Tagessatz fremde Mitarbeiter im Block (ab 10 Tage):	640 EUR
Einsatztage fremde Mitarbeiter im Block:	50
Einsatztage fremde Mitarbeiter einzeln:	15
Gesamtkosten eigene Mitarbeiter:	$190 \cdot 445$ EUR = 84.550 EUR
Gesamtkosten fremde Mitarbeiter:	$50 \cdot 640 + 15 \cdot 710 =$ 42.650 EUR
Projektpersonalkosten:	**127.200 EUR**

Tab. 5.4: Beispiel einer Projektpersonalkostenkalkulation

Vertragsgrundlage: Werk- oder Dienstvertrag?

Beim Einsatz externer Mitarbeiter und auch der Kalkulation von Risikozuschlägen ist es von erheblicher Bedeutung, ob das Vertragsverhältnis ein Werk- oder ein Dienstvertrag ist. Werkvertrag heißt nichts anderes, als dass der Auftragnehmer eine definierte Leistung zu erbringen hat, egal wie lange es dauert. Ist also ein höherer Aufwand als geplant erforderlich oder kann er die Leistung nicht vollständig erbringen, übernimmt er das Risiko. Der Auftraggeber trägt dann nur noch ein geringes (Rest-)Risiko.

Wird ein Dienstvertrag vereinbart, dann trägt der Auftraggeber das Risiko allein. Kommt der Auftragnehmer über ein Bemühen nicht hinaus oder dauert es einfach länger, dann muss der Auftraggeber nachbessern. Somit sind höhere Risikozuschläge in der Kalkulation sinnvoll.

Personalkostenermittlung nach Minuten

Die Ermittlung der Personalkosten auf Tagessatzbasis ist letztlich noch recht einfach, verglichen mit der der gewerblichen Tätigkeiten auf Minuten- oder Stückbasis. Da diese aber in Produktionsprojekten (z. B. Monatageprojekt, Anlagenbau) eine erhebliche Rolle spielen, sollen auch sie hier besprochen werden.

Die Kalkulation kann entsprechend der Lohnkostenermittlung nach der **REFA-Methode** erfolgen. Die gesamte Auftragszeit verteilt sich danach auf

- die Rüstzeit (vorbereitende Tätigkeiten an der Maschine, Einrichtung) und
- die Ausführungszeit.

  Die Ausführungszeit wird wiederum in
  - Grundzeit (tatsächliche Tätigkeits- und Wartezeit),
  - Erholungszeit (Pausen) und
  - Verteilzeit (Toilettengang, Privatgespräche usw.)

  eingeteilt.

Für eine Tätigkeit wird nun die reine Arbeitszeit ermittelt, das heißt die Addition der Zeiten für die einzelnen Verrichtungen. Dabei kann man sich an den Grundbewegungen orientieren: Hinlangen, Greifen, Bringen, Loslassen, Drücken, Fügen, Trennen, Drehen sowie den Blickfunktionen Blick verschieben und Prüfen.

Die ermittelte Zeit ist gegebenenfalls um den **Leistungsgrad** zu korrigieren. Der Leistungsgrad ist das Verhältnis von beobachteter

Istleistung zur (Standard-)Bezugsleistung in Prozent. Ist die tatsächliche Leistung um 10 % höher als die eigentlich vorgesehene Leistung, ergibt sich ein Leistungsgrad von 110 %. Diese Tätigkeitszeit wird erhöht um prozentuale Aufschläge für Erholzeit (abhängig von der Schwere der Arbeit) und Verteilzeit. Prinzipiell muss angemerkt werden, dass der Leistungsgrad eine gewisse Willkür in die Berechnung einführt. Das vorgesehene Leistungsniveau ist nur schwer bestimmbar, so dass hiermit regelmäßig Abweichungen produziert werden.

Angenommen, für eine Tätigkeit wird eine Zeit von 20 Minuten errechnet. Bei 15 % Erhol- und 10 % Verteilzeit sowie einem Leistungsgrad von 110 % ergibt sich

- eine Grundzeit von 1,1 · 20 Minuten = 22 Minuten und
- eine Ausführungszeit von 22 + 0,25 · 22 = 27,5 Minuten.

Bei einem Stundensatz von 40 EUR ergeben sich Kosten von 27,5 · 40 : 60 = 18,33 EUR.

Den Löhnen sind, wie schon oben, die Sozialkosten aufzuschlagen. Diese setzen sich aus den Soziallöhnen (Urlaubslohn, Lohnfortzahlung im Krankheitsfall usw.), dem gesetzlich oder tariflich verankerten Sozialaufwand (Arbeitgeberanteile zur Renten-, Kranken-, Arbeitslosenversicherung, vermögenswirksame Leistungen usw.) und dem freiwilligen Sozialaufwand (Essenszuschuss, Fahrgeldzuschuss, Betriebskindergarten usw.) zusammen. Dividiert durch die geplante Lohnsumme ergibt sich der Lohnsozialzuschlag.

5.3.3 Materialkostenplanung

Um den Planungsaufwand so gering wie möglich zu halten, sollten Materialien für Produktion und Büro/Verwaltung unterschieden werden. Erstere fallen nämlich nur in bestimmten Projekten an, letztere lassen sich relativ unproblematisch pauschal planen.

Produktionsmaterialien

Zu den Produktionsmaterialkosten zählen alle beschafften Roh-, Hilfs- und Betriebsstoffe sowie fertige Produkt-/Bauteile. Rohstoffe und fertige Teile können in aller Regel leicht geplant werden, weil sich die Anzahl und Spezifikationen aus der Projektdefinition ergeben. Hilfs- und Betriebsstoffe gehören klassischerweise zu den Gemeinkosten, die als Zuschlag auf die ersteren in der Planung auftauchen. Dies ist so lange unproblematisch, wie sie nur einen geringen Anteil der Kosten ausmachen und sich proportional zu den Bezugsgrößen verhalten (wegen des prozentualen Aufschlags).

Produktionsmaterialeinzelkosten werden mit Hilfe der Angaben über die geplante Verbrauchsmenge für eine Mengeneinheit (ergibt sich aus der Projektdefinition bzw. Stückliste), den geplanten Ausschuss und Schwund und die geplanten Preise pro Materialeinheit geplant.

Beispiel: Für die Herstellung eines Produkts werden zwei Materialien benötigt, A und B. Von A gehen 50 ml in das Produkt ein, von B 240 Gramm. Bei der Fertigung gehen durch Ausschuss von A 5 % verloren, von B 2 %. A kostet pro Liter 8,20 EUR, B pro Kilo 6,32 EUR. Die Produktionsmaterialkosten liegen dann bei $0{,}05 \cdot 1{,}05 \cdot 8{,}2 + 0{,}24 \cdot 1{,}02 \cdot 6{,}32 = 0{,}4305 + 1{,}5471 = 1{,}9777$ EUR.

Büromaterialien

Bekanntermaßen macht Kleinvieh auch Mist, und so sollten auch die laufenden Büroausgaben nicht vergessen werden. Ihre Höhe ist wesentlich von der Zahl der Mitarbeiter abhängig, wobei der prozentuale Anteil an den Gesamtkosten jedoch in engen Grenzen bleibt. Daher ist es meist aus wirtschaftlichen Gründen sinnvoll, Büromaterial als Aufschlag auf die Gehaltskosten/Tagessätze der verursachenden Projektmitarbeiter zu verrechnen. Dies wurde bereits oben bei der Planung der Tagessätze erläutert. Die Höhe dieses Aufschlags basiert meist auf Erfahrungssätzen; die Größenordnung von 5 % ist für den Anfang meist nicht verkehrt.

Weniger angenehm (aus Budgetsicht) sind Investitionen im Bürobereich, die auch noch für andere Projekte eingesetzt werden können (EDV-Anlage, Software u. Ä.). Hierzu mehr im folgenden Kapitel.

5.3.4 Projektinvestitionsplanung

Die problematischsten Positionen der Projektbudgetierung sind die Investitionen. Verursacht ein Projekt nur Personalkosten, vielleicht noch ergänzt um Verbrauchsmaterial, Reisekosten usw., dann bleiben alle zu planenden Ausgaben projektintern. Doch wie sieht es aus, wenn eine Anschaffung erforderlich ist, die sich für das Projekt alleine nicht lohnt, also auch anderweitig eingesetzt werden muss? Oder wenn ein Gerät auch noch lange nach Projektende im Unternehmen genutzt werden kann? Muss dann das Projekt die Gesamtkosten tragen und den Gegenstand dem Unternehmen nach Abschluss schenken?

Außerhalb der „Projektwelt" ist die budgettechnische Bearbeitung der Investitionen recht einfach. Es muss zwar berechnet werden, ob sich die Ausgabe rechnerisch lohnt, die Anlage steht aber auf Dauer dem Unternehmen zur Verfügung. Ergibt sich die Amortisation erst nach einigen Jahren, ist dies nicht unbedingt ein Problem. Die Produktion kann ja durchaus über Jahre und Jahrzehnte laufen. Ein Projekt ist aber oft so schnell abgeschlossen, dass die Amortisation nicht erreicht werden kann. Lehnte man nun alle Investitionen ab, würden solche Projekte nie gestartet. Sie können aber durchaus sinnvoll und profitabel sein, gerade dann, wenn Wettbewerber sich von einem Einstieg abschrecken lassen.

Man muss sich also Gedanken darüber machen, wie Investitionen zu behandeln sind, die über das Projekt hinaus eine Bedeutung haben.

Die Projektleitung hat dann auch die Möglichkeit, in „größere Dimensionen" einzusteigen.

In der Praxis sind zwei grundlegende „virtuelle" **Methoden des Vorgehens** möglich (hier geht es sozusagen um die Fiktion des Umgangs mit der Investition zwischen Unternehmen und Projekt):

1. Unternehmen verleast die Investition an das Projekt

Zunächst kann man die Investition aus dem Projektbudget ganz heraushalten, indem sie vom Unternehmen insgesamt getätigt und dann dem Projekt gegen Entgelt zur Verfügung gestellt wird. Beispiel: Für das Projekt wird ein Testlabor benötigt, das insgesamt 200.000 EUR kostet und auch anderweitig eingesetzt werden kann. Das Unternehmen least das Labor komplett vom Hersteller für eine monatliche Rate von 4.500 EUR. Diese Leasingrate wird der Projektleitung in Rechnung gestellt. Sie verbucht sie unter den laufenden Ausgaben, nicht unter Investitionen.

Diese Methode ist eigentlich ganz einfach und man könnte sich ganz schnell in sie verlieben. Sie hat nur einen Schönheitsfehler: Sie verführt dazu, alles Riskante aus dem Projekt herauszuverlagern, um dann später nicht mehr mit den Folgen konfrontiert zu werden. Die Höhe der Leasingraten hat mehr mit den finanzmathematischen Überlegungen des Anbieters zu tun als mit der tatsächlichen Inanspruchnahme. Sie unterstellt, dass die Anlage kontinuierlich und gleichmäßig genutzt wird. Das dürfte nie der Fall sein. Und schließlich: Wer trägt die Leasinggebühr, wenn die Anlage nach Projektende einige Monate lang nicht genutzt wird?

2. Unternehmen verkauft die Investition an das Projekt und kauft sie nach Ende wieder zurück

Die zweite Methode ist, wie so oft, komplizierter und gerechter. Die Anschaffung wird dem Projekt zugerechnet, auch wenn das Unternehmen insgesamt aus rechtlichen Gründen Vertragspartner ist. Sie wird für die Projektdauer genutzt und dann zu einem Restwert an das Unternehmen „abgegeben". Dazu ist natürlich zu bestimmen, welcher Restwert angemessen ist. Je spezifischer die Anlage auf das Projekt zugeschnitten ist und je geringer die Wahrscheinlichkeit eines vergleichbaren Folgeprojekts ist, desto geringer ist dieser Wert. Die Anforderungen an die Profitabilität dieses Projekts steigen dadurch erheblich.

Eine objektive Wertermittlung ist nur schwer möglich, so dass das Verfahren gerne umgangen wird. Andererseits ist nur so eine Verlagerung von Risiken zu unterbinden und eine gerechte Projektbeurteilung möglich.

Beispiel: Das bereits oben erwähnte Projekt benötigt das Testlabor für 200.000 EUR. Das Unternehmen als Rechtsperson erwirbt es, schließt aber aus steuerlichen Gründen einen Leasingvertrag über fünf Jahre mit Kaufoption ab. Die Projektleitung plant das Labor für einen Zeitraum von 18 Monaten ein. Dann soll es einen Wert von 110.000 EUR haben. Dieser Wert spiegelt Abnutzung, technologische Veralterung und Wiederverwendbarkeit wider. Die Differenz ist die Investitionssumme, die das Projekt zu tragen hat (zuzüglich Kapitalkosten wie unten erläutert).

Sollte sich tatsächlich eine Nichtverwendbarkeit des Labors ergeben oder sich ein Verkauf anbieten, dann ist zu klären, wie das die Projekterfolgsrechnung beeinflusst. Freiwillig wird sich jede Seite nur zu einer für sie positiven Änderung bereit erklären. Deswegen bietet sich folgende Vorgehensweise an: Grundsätzlich werden die Restwerte eher vorsichtig kalkuliert, zumal wirklich unklar ist, inwieweit eine weitere Nutzung möglich ist. Die Projektleitung kann sich aber um eine weitere Verwendung, einen Verkauf an Dritte oder eine Rückgabe an den Leasinggeber bemühen und kann einen höheren Erlös ihrem Projekt gutschreiben lassen.

Beispiel: Der mit der Unternehmensleitung vereinbarte Restwert ist 110.000 EUR. Der Leasinggeber bzw. Hersteller des Labors sieht aber einen guten Markt für einen Verkauf und bietet daher 120.000 EUR an. Das Labor wird dann für diesen Betrag verkauft und das Projekt entsprechend entlastet. Und zwar auch dann, wenn das Unternehmen das Labor trotzdem weiter nutzen möchte. Kompliziert? Schon, aber der Zusatzaufwand steht noch in einem sehr guten Verhältnis zum Nutzen.

5.3.5 Kapitalkostenplanung

Je nach Projektumfang und -dauer kann es sinnvoll sein, die Position „Kapital" in die Budgetierung einzubeziehen. Projekte und die mit ihnen verbundenen Ausgaben binden nämlich Kapital, das vorfinanziert werden muss. Die Projekterlöse müssen diese (meist kalkulatorischen) Kosten mit decken. Bei Bauprojekten, aber auch der Softwareentwicklung, können diese Zeiträume zu einer erheblichen finanziellen Belastung führen.

Die Planung der Kapitalkosten soll berücksichtigen, dass das im Projekt gebundene Kapital Geld kostet und anderweitig verwendet werden könnte, so dass **Opportunitätskosten** entstehen. Sie wird global unterschieden in die Planung kalkulatorischer Zinsen auf das Anlagevermögen (Investitionen, fixe Kosten) und auf das Umlaufvermögen (laufende Ausgaben, variable Kosten).

Kapitalkosten für Investitionen

Für die Planung der Kapitalkosten auf Investitionen (in Maschinen oder andere nach Projektende weiterverwendbare Geräte) kann das vereinfachende Verfahren der **Durchschnittswertverzinsung** verwendet werden:

$$\text{Kapitalkosten} = \frac{\text{Wiederbeschaffungswert} + \text{geplanter Liquidationserlös am Projektende}}{2} \cdot \text{geplanter Zinssatz}$$

Beispiel: In einem Unternehmen wird ein Projekt im Bereich der Qualitätssicherung geplant. Die Projektleitung plant die Anschaffung eines Messgeräts, eines Prüfprogramms sowie die Erweiterung der Werkstatt. Alle Geräte/Investitionen können auch nach Projektende im Unternehmen verwendet werden. Durch die Nutzung verringert sich ihr Wert jedoch. Dieser wird im niedrigeren Liquidationserlös berücksichtigt, der den Wert für die weitere Verwendung im Unternehmen widerspiegelt. Die Projektdauer liegt bei einem halben Jahr. Da die Geräte neu angeschafft werden, entspricht der Anschaffungs- dem Wiederverkaufswert. (Im nächsten Projekt müsste die Projektleitung als Wiederbeschaffungswert den Wert einsetzen, der hier als Liquidationserlös verwendet wird.)

Position	Anschaffungswert	Liquidationserlös
Werkstatteinrichtung	40.000 EUR	35.000 EUR
Messgeräte	10.000 EUR	5.000 EUR
Software	8.000 EUR	2.000 EUR
Summe	**58.000 EUR**	**42.000 EUR**
durchschnittliche Kapitalbindung: (58.000 + 42.000) : 2 = 50.000 EUR		

Tab. 5.5: Beispiel Kapitalkostenermittlung

Wenn das Unternehmen eine Verzinsung von 12 % anstrebt und das Projekt ein halbes Jahr dauert, dann sind 12 : 2 = 6 % Zinsen anzusetzen. Die Kapitalkosten liegen also bei 3.000 EUR.

Wohlgemerkt werden hier nur die Kapitalkosten berücksichtigt! Zusätzlich ist die Abschreibung auf die Einzelpositionen im Budget anzusetzen: 58.000 – 42.000 = 16.000 EUR.

Beachten Sie folgenden Effekt: Wenn der Liquidationserlös (Wert zum Projektende) geringer ist, sinken die Kapitalkosten. Das heißt aber nicht, dass das Projekt dann besser dasteht. Den geringeren Kapitalkosten stehen nämlich wesentlich höhere Abschreibungen gegenüber.

Beispiel: Könnte man zum Projektende nur noch 22.000 EUR ansetzen, läge das durchschnittlich gebundene Kapital noch bei 40.000 EUR, die Zinsen bei 2.400 EUR. Die Abschreibung wäre aber 58.000 – 22.000 = 36.000 EUR.

Auch zu beachten: Die Abschreibung, mit der hier gearbeitet wird, entspricht nicht der steuerlichen. Hier wird der unternehmensinterne, kalkulatorische Wertverlust angesetzt. Dieser ist im Wesentlichen von der weiteren Verwendbarkeit der Geräte im Unternehmen abhängig.

Warum „Wiederbeschaffungswert“ und nicht einfach „Preis“? In den meisten Situationen dürften beide Werte gleich sein. Es gibt aber Sonderfälle, in denen nicht der „normale“ Preis bezahlt wird, oder auch kurzfristige Preisänderungen. Dann kann es aufgrund dieser Zufälle zu einer verzerrten Aussage kommen. Die kalkulatorischen Kapitalkosten spiegelten dann die zufällige Situation wider, nicht die normale, zu der es bei einem anderen Projekt käme.

Die Höhe des kalkulatorischen Zinssatzes richtet sich nach der erwarteten Rendite des Unternehmens oder Geschäftsbereichs. Im Hinblick auf eine wertorientierte Unternehmensführung dürfte der am Kapitalmarkt herrschende Zinssatz zu niedrig angesetzt sein. Stattdessen wird üblicherweise die geplante Rendite verwendet.

Kapitalkosten auf Umlaufvermögen

Die kalkulatorischen Kapitalkosten des **Umlaufvermögens** basieren auf den durchschnittlichen Bestandsmengen der einzelnen Positionen. Dazu gehören die Roh-, Hilfs- und Betriebsstoffe sowie Produktteile und Fertigerzeugnisse, die im Rahmen des Projekts verarbeitet werden sollen bzw. hergestellt wurden. Diese Position wird nur bei Produktionsprojekten angesetzt, spielt aber auch dort meistens eine untergeordnete Rolle. Projekte haben, bedingt durch die Natur der Sache, ein geringes Umlaufvermögen.

Die Berechnung unterstellt in aller Regel einen konstanten Verbrauch und Bestand während der Projektlaufzeit, so dass sich die **Kapitalkosten auf Material- und Warenbestände** relativ einfach mit folgender Formel berechnen lassen:

$$\text{Kapitalkosten} = \begin{array}{c}\text{geplanter Durchschnittsbestand} \\ + \text{ geplanter Reservebestand}\end{array} \cdot \text{Planpreis} \cdot \text{Zinssatz}$$

mit: geplanter Durchschnittsbestand
= geplanter Periodenverbrauch / (2 · geplante Bestellhäufigkeit)

Beispiel: Im Rahmen eines Projekts werden regelmäßig und in größerer Zahl Testsubstanzen benötigt. Der geplante Verbrauch während des Projekts liegt bei 2.000 Einheiten, es soll viermal bestellt werden. Der Reservebestand soll bei 50 liegen. Der Preis beträgt 25 EUR, es werden 12 % Zinsen angesetzt. Die Projektdauer ist ein Jahr. Die Kapitalkosten liegen damit bei (250 + 50) · 25 · 0,12 = 900 EUR.

5.4 Beispiel Budgetplanung für einen Messestand

Messestände gehören zu den am häufigsten vorkommenden Projekten in Unternehmen. Aus Budgetierungssicht sind sie recht einfach zu handhaben, Probleme bereitet jedoch die große Zahl einzelner Kostenpositionen. Dieser Abschnitt zeigt, wie hierbei vorgegangen werden kann.

Das Beispielunternehmen hat noch keine Erfahrungen mit Messebeteiligungen. Als Projektleiter wird der Marketingleiter bestimmt. Er soll neben seiner Tätigkeit auch die projektbezogenen Aktivitäten koordinieren. Dabei kann er auf die Mitarbeiter seiner Abteilung sowie des Vertriebs zurückgreifen.

1. Schritt: Ermittlung der einzelnen Kostenpositionen des Projekts

Im Rahmen eines Brainstorming werden die erforderlichen Aktivitäten und Ausgaben gesammelt. Folgende Stichworte werden genannt:

Entwicklung Konzept
Einladungen, Werbung, PR
fremdes Standpersonal
Standplanung
Nebenkosten Messe
Abbau
Hotelzimmer
Schulung
Nachbereitung
Drucksachen (Visitenkarten usw.)
Gestaltung Kreation
eigenes Standpersonal
Miete Messestand
Standbau/Geräte
Aufbau
Kosten für Dienstleister (Catering usw.)
Fahrtkosten
Standausstattung
Plakate, Schilder

2. Schritt: Planung des Ablaufs und der Kostenstellen

Nun wird eine grobe Zeitplanung vorgenommen. Da der Messetermin feststeht, ist letztlich zu entscheiden, welcher Vorlauf für die einzelnen Tätigkeiten erforderlich ist. Der Stand ist insgesamt überschaubar, so dass auf den Einsatz der Netzplantechnik verzichtet wird. Somit lassen sich die im Bild 5.5 gezeigten Phasen unterscheiden, an denen sich auch die Kostenstellen orientieren.

Die Kosten für Messestand und Personal werden getrennt geplant, weil es die größten Kostenblöcke sind und es sich im ersten Fall um überwiegend externe, im zweiten um überwiegend interne Kosten handelt. Da Auf- und Abbau von derselben Fremdfirma übernommen werden, werden die Kosten auf einer Projektkostenstelle erfasst.

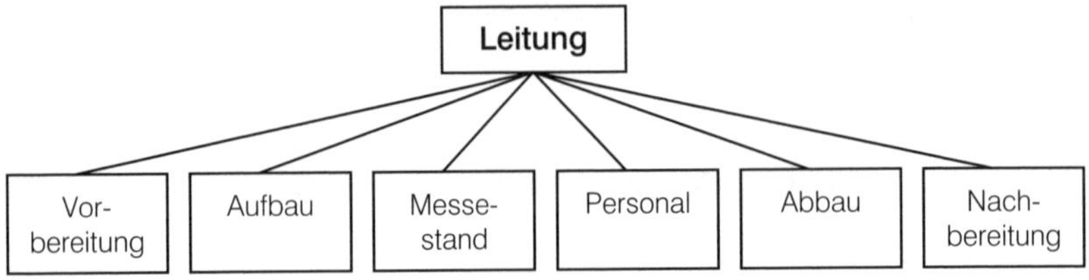

Bild 5.5: Projektphasen Messestand

3. Schritt: Planung der einzelnen Projektkosten

Die Einzelposten können nun den Kostenstellen zugeordnet und geplant werden. Der Einfachheit halber wird für die Planung bereits ein Formblatt verwendet, das auch für die Kontrolle geeignet ist. Damit ergibt sich die in Tab. 5.6 gezeigte Kostenübersicht.

Die verwendeten Abkürzungen sind:

MT = Manntage MSt. = Mannstunden
kalk. = kalkulatorisch Reiserichtl. = Reiserichtlinie

Angegeben sind die Planmenge (Angebot des Dienstleisters bzw. kalkulierte Arbeitszeit in Manntagen bzw. -stunden), die sich daraus ergebenden Plankosten, die Eigenschaft der Kosten (variabel oder fix), die Grundlage der Kostenbestimmung (z. B. Vertragsart), dann die Istkosten sowie die Abweichungen absolut und in Prozent.

4. Schritt: Kostenkontrolle

In diesem Beispiel spielt die laufende Kostenkontrolle keine so große Rolle, weil die eigentliche Projektphase mit vier Tagen sehr kurz ist. Eine kurzfristige Reaktion auf ungeplante Entwicklungen ist damit nicht möglich. Dafür können aber umso größere Überraschungen auftreten, wenn am Projektende die Gesamtabweichungen ermittelt werden.

Kosten-stelle	Position	Planmenge	Plankosten	variabel/fix	Grundlage	Ist-Kosten	Abweich. absolut	Abweich. in %
Leitung	Gehalt	20 MT · 400	8.000	fix	Arbeits-vertrag	8.000	0	0
Vorbe-reitung	Konzept-entwicklung	40 MSt. · 50	2.000	var.	kalk.	2.200	+ 200	+ 10
	kreative Gestaltung		3.000	fix	Werk-vertrag	3.000	0	0
	Standplanung, Einkauf	10 MT · 300	3.000	var.	kalk.	2.900	– 100	– 3,3
	Einladungen	2.000 · 0,60	1.200	var.	kalk.	1.200	0	0
	Werbung, Öf-fentlichkeitsarb.		5.000	fix	kalk.	4.800	– 200	– 4 %
Auf-/ Abbau	Aufbau		2.500	fix	Werk-vertrag	2.500	0	0
	Abbau		2.500	fix	Werk-vertrag	2.500	0	0
Messe-stand	Miete		12.000	fix	Miet-vertrag	12.000	0	0
	Nebenkosten		4.000	var.	kalk.	5.200	+ 1.200	+ 30
	Investitionen	42.000 : 6	7.000	fix	kalk.	7.000	0	0
	Drucksachen		2.000	var.	kalk.	2.500	+ 500	+ 25
	externe Dienstleister		1.500	var.	Dienst-vertrag	1.300	– 200	– 13,3
	Stand-ausstattung		800	var.	kalk.	950	+ 150	+ 18,8
Perso-nal	Hostessen	16 MT · 220	3.520	var.	Dienst-vertrag	4.170	+ 650	+ 18,5
	eigene Mitarbeiter	24 MT · 400	9.600	fix	Arbeits-vertrag	9.600	0	0
	Reisekosten		8.000	var.	kalk./Rei-serichtl.	8.200	+ 200	+ 2,5
	Schulung		500	fix	kalk.	500	0	0
Nach-bereit.	Kommunikation, Nachfassaktion	10 MT · 400	4.000	var.	Arbeits-vertrag	4.000	0	0
Summe			80.120			82.520		

Tab. 5.6: Kostenübersicht Messestand

So spielt vor allem für zukünftige Messebeteiligungen eine Rolle, in welchen Positionen man sich geirrt hat und wo entsprechende Korrekturen erforderlich sind. In unserem Fall wurde das Budget von 80.120 EUR leicht überschritten. Dort, wo Abweichungen bei fixen Kosten festgestellt werden, handelt es sich um Planungs- bzw. Kalkulationsfehler.

Beachten Sie, dass die Planung keine Position „Sonstiges" enthält. Diese Position wird sonst gerne als Auffangbecken für alles das verwendet, was woanders keinen Platz mehr findet und gewährleistet auf diese Art auch, dass bei den anderen Positionen das Budget recht gut eingehalten werden kann, während es nur bei „Sonstiges" aus den Fugen gerät.

6 Projektsteuerung mit Balanced Scorecard

6.1 Das Konzept der Scorecard

Immer wieder lässt sich beobachten, dass Unternehmen besonders dann erfolgreich sind, wenn sie es verstehen, die einzelnen Bereiche (Funktionsbereiche, Sparten, Profit Center, Projekte) entsprechend ihren Leistungspotenzialen zu führen. Erfolgreiche Unternehmen verstehen, warum sie Gewinn erzielen, und zwar nicht, weil sich aus der Rechnung „Einnahmen – Ausgaben" ein Überschuss ergibt. Sie erkennen die einzelnen Beiträge zum Gesamterfolg, qualitative wie quantitative, und fördern sie.

Der Gesamterfolg steht letztlich immer auf mehreren Beinen, eine einseitige Ausrichtung bringt meist nur kurzfristige Erfolge, bewirkt langfristig aber das Gegenteil. Allzu lange einseitig auf Gewinnsteigerung zu achten, hat oft einen Rückgang der Kundenzufriedenheit zur Folge, was sich wieder in steigenden Kosten oder schrumpfenden Erlösen widerspiegelt. Auf diese Weise sind die einzelnen Steuerungsgrößen miteinander vernetzt, so dass man behutsam eingreifen und vor allem mehrere Größen gleichzeitig im Auge behalten sollte. Ein „ausbalanciertes" Vorgehen ist das Ziel.

Diese Erkenntnis ist die Basis des Balanced Scorecard-Konzepts, das von den US-Amerikanern Robert S. Kaplan und David P. Norton entwickelt wurde.

Während zunächst Unternehmen als Ganzes sich mit Balanced Scorecards beschäftigten, wurde das Konzept auch immer häufiger auf einzelne Bereiche und Abteilungen übertragen und wird in wachsendem Maße auch zur Steuerung von Projekten eingesetzt. Die Anwendung ist nicht nur vergleichsweise einfach, weil das Projekt letztlich ein Unternehmen im Unternehmen darstellt, sondern auch besonders hilfreich, weil die Steuerungsgrößen je nach Projekt individuell entwickelt und kommuniziert werden müssen. Gerade hierfür bietet sich die Balanced Scorecard als Managementinstrument hervorragend an. Sie verhindert zudem, das Projekt einseitig unter Ertragsaspekten zu führen und dabei qualitative, terminliche und motivatorische Aspekte zu vergessen.

Beispiele für solche **Fehlsteuerungen von Projekten**:

- Die Projektleitung sieht den Fertigstellungstermin als wichtigste Zielgröße an. Als sich erste Verzögerungen einstellen, wird der Druck auf die Mitarbeiter erhöht. Diese geben dem Druck nach, so dass sich Qualitätsmängel einschleichen. Aus Zeitmangel werden Prüfungen unterlassen. Das Projekt wird zwar rechtzeitig fertig, der Kunde verlangt aber Nachbesserungen, außerdem verweigert er Folgeaufträge. Die einseitige Orientierung am Termin war hier also nicht optimal, das Projekt ist aus dem Gleichgewicht von Kosten, Qualität und Termin gekommen.

- Die Unternehmensleitung vergibt ein Kundenprojekt an ein Projektteam. Sie betont die Wichtigkeit des Kunden; er möge als Referenzkunde angesehen werden. Die Projektleitung achtet daraufhin auf höchste Qualitätsorientierung und führt während der Projektlaufzeit zusätzliche Qualitätsprüfungen ein. Die zusätzlichen Kosten werden als weniger problematisch angesehen, weil sie sich über mögliche Folgeaufträge wieder einspielen lassen. Außerdem kommt es zu Terminverschiebungen, die aber als „bei der guten Qualität verzeihlich“ angesehen werden. Für den Kunden stellen die Verzögerungen große Probleme dar, er hatte sich auf den Liefertermin verlassen. Es stellt sich heraus, dass sein Qualitätsanspruch gar nicht so hoch war.

„Balanced“ ist nur ein Element des Konzepts. Ziel ist letztlich die Gestaltung einer *Scorecard*, was ins Deutsche meist als *Berichtsbogen* übersetzt wird. Dabei geht es um die Steuerungsgrößen des Unternehmens oder Projekts, dies sind die Kennzahlen und/oder Ziele. Eine Scorecard enthält eine Reihe von Kennzahlen, die nach dem Prinzip der Ausgewogenheit (eben „balanced“) ausgewählt wurden.

Kennzahlen sind nicht nur Kennzahlen, sondern Steuerungsgrößen und damit auch Planungsinstrumente!

Es gibt Gründe, im Zusammenhang mit der Balanced Scorecard nicht gar so deutlich von *Kennzahlen* zu sprechen. Kennzahlen sind nämlich durch langjährige Praxis als Kontrollinstrument im Bewusstsein der Entscheidungsträger verankert. Hier haben sie aber eine weiter gehende Funktion, nämlich auch die der zukunftsgerichteten Planungsgröße. Deswegen werden wir hier auch von Ziel- oder Steuerungsgrößen sprechen, einfach, um die umfassendere Bedeutung der Kennzahlen zu verdeutlichen.

Im Unterschied zu den Kennzahlen und Kennzahlensystemen, die sich nicht selten recht unkontrolliert im Unternehmen tummeln, soll eine Scorecard ein **Arbeitsinstrument** sein, effektiv und übersichtlich. Sie soll operative wie strategische Entscheidungen unterstützen und über das jeweils aktuelle Maß der Zielerreichung informieren. Dabei soll sie vor allem eine Beschränkung auf die Informationen unterstützen, die wirklich benötigt werden. Sie ist damit auch ein **Instrument zur Konzentration auf die wesentlichen Steuerungsgrößen**, zur Beseitigung des Informationsüberflusses.

Ein weiteres Merkmal ist die **Individualität** der Scorecard. Während man sich früher gerne Gedanken über möglichst weit anwendbare Kennzahlensysteme machte, steht nun die Anpassung an individuelle Gegebenheiten im Vordergrund. Je nach Anlage des Projekts können höchst unterschiedliche Scorecards zum Einsatz kommen oder bewusst auch eine Standardversion für alle Projekte, die Vergleiche untereinander vereinfacht (z. B. bei immer wiederkehrenden Softwareprojekten eines Anwendungsbereiches).

6.2 Das Prinzip der Kausalität

Kennzahlen sind überwiegend darauf ausgerichtet, alleine zu stehen. Sie orientieren sich an unternehmerischen Zielen und messen deren Einhaltung. Klassische Kennzahlensysteme müssen sich zudem der Kritik aussetzen, dass die Verbindung zwischen den Handlungen im Unternehmen und finanziellen Erfolgsgrößen zu wenig dargestellt wird und der Zukunftsbezug fehlt.

Kaplan und Norton griffen die zu einseitige finanzwirtschaftliche Ausrichtung von Kennzahlen und die zu starke Vergangenheitsorientierung als Kritikpunkte auf und entwickelten ein vernetztes System von Kennzahlen, das sich in seiner Grundform **vier Perspektiven** widmet:

- der finanzwirtschaftlichen Perspektive,
- der Kundenperspektive,
- der internen Prozessperspektive und
- der Lern- und Entwicklungsperspektive.

Diese vier Perspektiven stehen in einer kausalen Beziehung zueinander und decken (im Normalfall) einen erheblichen Teil der erfolgsrelevanten Bereiche des Unternehmens ab. Maßgebend ist die Unternehmensstrategie, aus der sich die finanziellen Ergebnisse ableiten lassen. Um diese zu erreichen, sind bestimmte Leistungen bei den Kunden erforderlich, die wiederum geeignete interne Prozesse voraussetzen. Schließlich stellen Lernprozesse die Grundlage für eine erfolgreiche Prozessgestaltung dar. Bild 6.1 gibt einen Überblick.

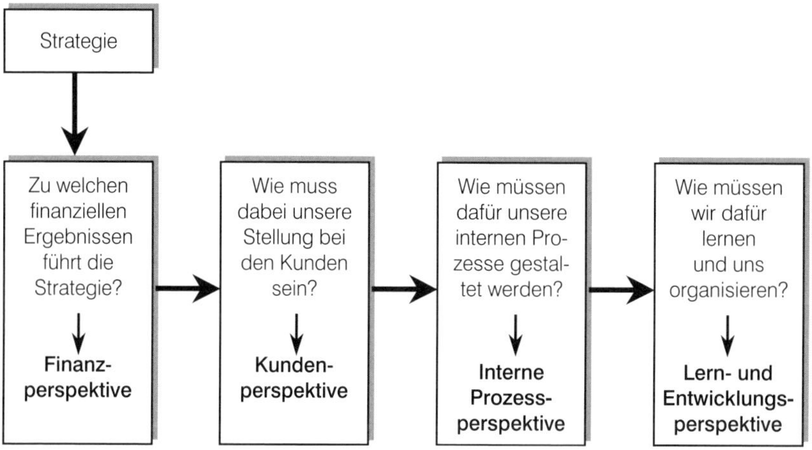

Bild 6.1: Kausalbeziehungen zwischen den vier Perspektiven der Balanced Scorecard

Diese vier Perspektiven sind aber nicht gar so streng miteinander verbunden, wie es Bild 6.1 zeigt. Vielmehr haben hervorragende interne Prozesse auch direkte Auswirkungen auf das finanzielle Ergebnis des Unternehmens, wie sich etwa auch eine effiziente Informationsnutzung durch die Mitarbeiter unmittelbar auf die Kundenzufriedenheit auswirkt. Unter Berücksichtigung dieser vielfältigen Verknüpfungen kommt man zu der allgemein üblichen Darstellung des Scorecard-Modells (Bild 6.2).

Es müssen nicht immer vier Perspektiven sein!

Es soll noch darauf hingewiesen werden, dass die hier erwähnten von Kaplan und Norton sozusagen als Standardperspektiven vorgeschlagen werden, mit denen es sich auf Unternehmensebene und für viele Projekte meist sehr gut arbeiten lässt. Es gibt jedoch keine Vorschrift oder allgemeine Erkenntnis, dass es nun genau diese sein müssen. Vielmehr muss man in jeder individuellen Situation entscheiden, welche Perspektiven am besten geeignet sind.

Die **finanzwirtschaftliche Perspektive** repräsentiert die ertragsorientierten Ziele des Unternehmens/Projekts. Jede unternehmerische Handlung ist letztlich darauf ausgerichtet, die Rentabilität zu steigern. Die Anteilseigner und Fremdkapitalgeber erwarten eine festgelegte oder maximale Verzinsung ihres Geldes. Projekte müssen einen angemessenen Beitrag dazu leisten. Insofern verbirgt sich hier die zentrale Zielsetzung des Unternehmens. Die finanziellen Ziele alleine sind jedoch für die Unternehmensführung nicht hilfreich, weil sie die Ursachen für die Erfüllung oder Nichterfüllung außer Acht lassen. So wird dem Management nicht kommuniziert, über welche Stufen ein Ertragsziel zu erreichen ist. Diese Verbindung herzustellen ist Aufgabe der weiteren Perspektiven.

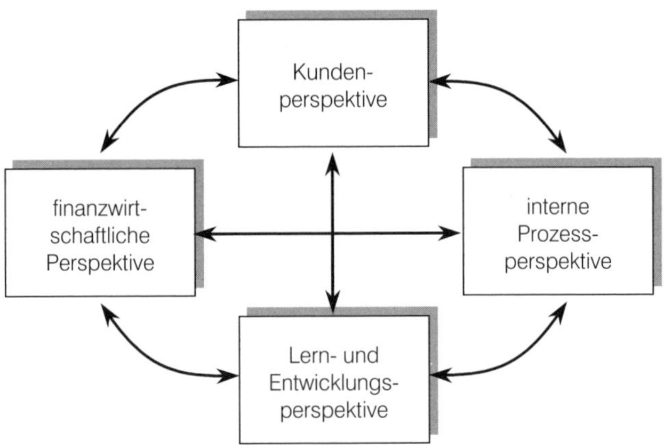

Bild 6.2: Scorecard-Modell

Finanzieller Erfolg wird beispielsweise durch eine hohe Kundenzufriedenheit erreicht. Zufriedene Kunden sind langfristige Kunden, so dass Marketingaufwand gespart werden kann und der Druck auf die Preise abnimmt. Die Erzielung einer hohen Kundenzufriedenheit führt automatisch zu einer hohen finanzwirtschaftlichen Leistung, wenn auch mit einer gewissen Zeitverzögerung. Die Balanced Scorecard bezieht **kundenspezifische Kennzahlen** ein, weil sie ein wichtiger Baustein für die Unternehmensleistung sind. Sie eignen sich als Kontrollinstrument, weil konkretes Handeln Auswirkungen auf die Beziehung zu Kunden hat.

Erfolg bei Kunden und finanzieller Erfolg werden durch eine entsprechende Leistungsfähigkeit der unternehmensinternen Prozesse erreicht. Im Rahmen der **internen Prozessperspektive** werden Ziele formuliert, die sich auf die erfolgsträchtigsten Prozesse beziehen. Dazu ist zu analysieren, wie die finanziellen und kundenbezogenen Ziele erreicht werden können. Neben bestehenden Prozessen (Produktionsverfahren, Vertriebsmethoden, Führungssysteme, Serviceleistungen usw.) sollen auch innovative Prozesse einbezogen werden, die erst in nächster Zukunft eingesetzt werden. Damit soll verhindert werden, dass durch das Kennzahlensystem der Status quo erhalten bleibt.

Schließlich muss zur Erreichung der Ziele eine geeignete Infrastruktur zur Verfügung stehen. Dazu gehören Faktoren wie Weiterbildung und Informationssysteme. Mit der **Lern- und Entwicklungsperspektive** soll die Lücke zwischen den Leistungszielen und den Menschen geschlossen werden, die sie erreichen sollen. Oftmals wird sie auch als Mitarbeiterperspektive bezeichnet. Sie beinhaltet personalwirtschaftliche Zielsetzungen wie etwa die Mitarbeiterzufriedenheit und analysiert die Qualität der Informationsversorgung, zum Beispiel über die Kunden.

Wichtige Voraussetzung für die Konstruktion und Anwendung einer Balanced Scorecard ist das Verständnis für Ursache-Wirkungs-Zusammenhänge. Hat man festgestellt, dass die Kundentreue ein Faktor zur Steigerung der Rendite ist, ist zu fragen, wovon die Kundentreue abhängt. Dies kann die pünktliche Lieferung der Waren sein. Eine pünktliche Auslieferung wird in den internen Prozessen durch eine bestimmte Prozessqualität und kurze Durchlaufzeiten gewährleistet. Diese setzen wiederum Fachwissen der Mitarbeiter über die Prozessgestaltung voraus. So sind umfangreiche Abhängigkeiten dargestellt, die deutlich machen, dass eine Kennzahl zur Lieferzuverlässigkeit Auswirkungen auf die erreichte Rendite hat. Gleichzeitig zeigt sie Möglichkeiten auf, die Rendite weiter zu steigern. Bild 6.3 zeigt ein Beispiel für solche Ursache-Wirkungs-Zusammenhänge.

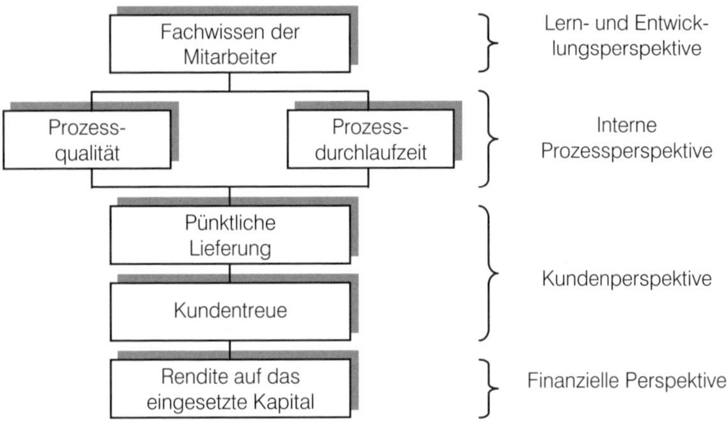

Bild 6.3: Ursache-Wirkungs-Kette der Balanced Scorecard (Kaplan/Norton 1997, S. 29)

1. Die finanzwirtschaftliche Perspektive

Die finanzwirtschaftlichen Ziele konzentrieren sich auf die Rentabilität und davon abgeleitete Kennzahlen. Dabei können Differenzierungen für unterschiedliche Entwicklungsstadien der Geschäftseinheiten/Projekte vorgenommen werden. Beispielsweise verfolgt zwar auch ein neues Geschäft letztlich das Ziel einer hohen Kapitalverzinsung, doch ist eine solche Zielvorgabe in diesem frühen Stadium wenig sinnvoll. Für das Unternehmen ist es sinnvoller, sich zunächst auf das Umsatzwachstum zu konzentrieren und Innovationskennzahlen anzuwenden. Gelingt es, das Geschäft zu einer gewissen Größe zu bringen, so lässt sich dann später eine höhere Rendite erzielen, als wenn von Anfang an die Kostensenkung im Vordergrund gestanden hätte.

Rentabilitätskennzahlen, Kostenanteile und ähnliche Zielgrößen eignen sich besser, wenn die Geschäftseinheit voll entwickelt und auch mit keinen wesentlichen Wettbewerbsveränderungen zu rechnen ist. Dann kann das Augenmerk auf eine möglichst hohe Abschöpfung finanzieller Mittel gelegt werden. Einzelne Tätigkeiten sind dann auch nicht mehr als Hoffnungsträger anzusehen, sondern können und müssen unter wirtschaftlichen Aspekten gesteuert, das heißt ggf. auch eliminiert werden.

Diese zeitbezogene Betrachtung erfordert eine Anpassung des Zielsystems. Zunächst muss das finanzwirtschaftliche Zielsystem das Wachstum unterstützen, in der Reifephase die Steigerung der Effizienz fördern und schließlich auf eine renditemaximale Nutzung des eingesetzten Kapitals hinwirken.

Die damit verbundenen Strategien beziehen sich beispielsweise in der Anfangsphase auf die Auswahl von Kunden, Märkten und anzubietenden Produkten und Leistungen, später auf Verbesserungen in der Produktion und bei den Beziehungen zu Kunden und Lieferanten, schließlich auf Rationalisierung.

Parallel dazu ist der jeweilige Einflussbereich der Projekte zu berücksichtigen. Gerade die Vorgabe von Kapitalrentabilitäten ist beliebt, aber problematisch, weil die Zurechenbarkeit nicht unbedingt gegeben ist. Gerade bei kapitallosen Projekten, die z. B. im Bereich der Dienstleistungen stattfinden und über wenige Vermögenspositionen verfügen, bieten sich meist nur deckungsbeitragsbezogene Größen an.

2. Die Kundenperspektive

Kaplan und Norton sehen es als unvermeidlich an, dass sich das Unternehmen auf bestimmte Kunden- und Marktsegmente konzentriert, in denen es tätig ist. Nicht alle Kunden können gleichermaßen zufrieden gestellt werden, so dass eine Auswahl derjenigen Kunden erforderlich ist, bei denen eine herausragende Position erzielt werden kann. Diese Position kann über eine Reihe von Kennzahlen gesteuert werden, die sich auf die Treue der Kunden, ihre Zufriedenheit, ihre Rentabilität u. Ä. beziehen. Dazu kommen die volumenbezogenen Ziele der Ausweitung des Kundenstamms sowie der Erzielung von Marktanteilen.

Die Erreichung der kundenbezogenen Ziele wird durch Marketingstrategien verfolgt. Sie orientieren sich an den konkreten Anforderungen der Kunden, der Gestaltung der Kundenbeziehung sowie weiteren Faktoren, die den Wert des eigenen Angebots aus Kundensicht steigern. Beispielhaft können hier angeführt werden:

- die Entwicklung kundenindividueller (Investitionsgüter) oder zielgruppenspezifischer (Konsumgüter) Produkte
- die Abstimmung von Austauschprozessen (Lieferung, Zahlung) aufeinander
- die Beschleunigung von Bearbeitungsprozessen
- gemeinschaftliche Kommunikationsmaßnahmen
- die Einrichtung neuer Vertriebswege, mit denen Kunden besser angesprochen werden können

Im Zusammenhang mit Projekten können auch die internen Kundenbeziehungen abgebildet werden, gerade bei intensiverem Leistungsaustausch. Als Kunden kommen dann die Geschäftsführung als Auftraggeber sowie die von den Ergebnissen betroffenen Bereiche in Frage.

3. Die interne Prozessperspektive

Zur Analyse der internen Prozesse entwickelten Kaplan und Norton ein generisches Wertkettenmodell, das den Innovations-, den Betriebs- und den Kundendienstprozess zwischen die Identifikation des Kundenwunsches und seine Befriedigung stellt.

Diese Prozesse sind als Modell anzusehen, das für jedes Unternehmen und Projekt individuell ausgestaltet werden muss. Für jeden der drei Hauptprozesse lassen sich wiederum Kennzahlen finden, die die Steuerung ermöglichen:

- Für die Innovation kann beispielsweise die Höhe der Ausgaben für Forschung und Entwicklung oder die Zahl der Produktinnovationen wichtig sein. Ebenso spielt die Dauer der Entwicklungsprozesse eine Rolle.
- Bei der Steuerung des Betriebsprozesses kann eine Reihe produktionswirtschaftlicher Kennzahlen zum Einsatz kommen.
- Für die Qualität der Kundenbeziehung sind beispielsweise Kriterien wie Ausfallraten, Qualitätseigenschaften oder die Lieferzuverlässigkeit bedeutsam.

Die Rentabilität wird durch die Kosten der Produktion, die Auslastung der Produktionsanlagen, die Bearbeitungszeiten u. a. beeinflusst. Schließlich sind kundendienstbezogene Kennzahlen einzusetzen. In diesem Bereich spielt etwa die Reaktionsgeschwindigkeit auf eine Reklamation oder die Zuverlässigkeit von Reparaturen eine Rolle.

4. Die Lern- und Entwicklungsperspektive

Diese vierte Perspektive bezieht sich auf die unternehmensinternen Grundlagen zur Erreichung der genannten Zielsetzungen. Im Mittelpunkt steht die Rolle der Mitarbeiter. Die Mitarbeiter müssen ausreichende Wissens- und Fertigkeitspotenziale aufweisen, um die geforderten Ergebnisse erreichen zu können. Dies setzt eine gewisse Produktivität und Treue zum Arbeitgeber voraus. Diese Faktoren sind wiederum sehr stark von der Mitarbeiterzufriedenheit abhängig, die sich damit als zentrale Kennzahl dieser Perspektive herausstellt.

Sie kann durch das Unternehmen auf verschiedene Arten gefördert werden. Dazu gehören beispielsweise die Gestaltung eines zufriedenheitsfördernden Arbeitsumfelds, das Angebot von Weiterbildungsmaßnahmen und die Nutzung und Förderung der Kompetenzen der Mitarbeiter.

Weiterhin umfasst die Lern- und Entwicklungsperspektive die Gestaltung der betrieblichen Informationssysteme sowie die Motivation der Mitarbeiter.

Tab. 6.1 gibt einen zusammenfassenden Überblick über die Perspektiven. Die genannten Kennzahlen stellen dabei nur die Auswahl wichtiger, allgemein einsetzbarer Kennzahlen dar. Je nach Unternehmen und Branche eignen sich andere Kennzahlen, die spezifischer auf die Situation ausgerichtet sind. Hier muss das Controlling individuell prüfen, welche Kennzahlen eingesetzt werden und welche Kausalzusammenhänge jeweils bestehen.

5. Weitere Perspektiven

Kaplan und Norton haben zwar vier Perspektiven vorgeschlagen, damit aber nicht ausgeschlossen, in der konkreten Umsetzung auch mehr oder weniger Perspektiven einzusetzen bzw. auch die Inhalte zu ändern. Wenn das dargestellte Konzept so auch schlüssig erscheint, sollte es nicht dogmatisch auf jede Art von Unternehmen übertragen werden. Vielmehr ist in jedem Einzelfall zu prüfen, welche Perspektiven wichtig sind. So können beispielsweise Kooperationspartner eine Rolle spielen, nicht selten auch die Lieferanten. Es ist problemlos möglich, hierfür jeweils eine eigene Perspektive zu entwickeln.

Perspektive	Grundfrage	Ziele	Wichtige Kennzahlen
Finanzen	Wie sollen wir gegenüber unseren Teilhabern auftreten, um finanziellen Erfolg zu haben?	Ertragswachstum/-mix	Umsatzwachstumsrate Neuproduktanteil Rentabilität
		Kostensenkung/ Produktivitätssteigerung	Mitarbeiterproduktivität Kostensenkungsrate Kostenanteile
		Nutzung von Vermögenswerten	Investitionsanteil Kapitalrentabilität Working Capital
Kunde	Wie sollen wir gegenüber unseren Kunden auftreten, um unsere Vision zu verwirklichen?	Identifikation der Kunden- und Marktsegmente, in denen das Unternehmen tätig und wettbewerbsfähig sein will	Kundenzufriedenheit Kundenrentabilität Kundentreue Kundenakquisition Marktanteil
Interne Geschäftsprozesse	In welchen Geschäftsprozessen müssen wir die Besten sein, um unsere Teilhaber und Kunden zu befriedigen?	Ausrichtung der internen Prozesse auf die Ziele der Kunden und Anteilseigner; Steuerung mit Hilfe eines umfassenden Performance-Measurement-Systems	Prozesszeit Prozessqualität Prozesskosten Innovationszeit Innovationsqualität Innovationskosten Kundendienstqualität
Lernen und Entwicklung	Wie können wir unsere Veränderungs- und Wachstumspotenziale fördern, um unsere Vision zu verwirklichen?	Schaffung der für die Erreichung der Ziele der anderen Perspektiven notwendigen Infrastruktur	Mitarbeiterzufriedenheit Mitarbeitertreue Mitarbeitermotivation Informationsnutzung

Tab. 6.1: Die Standard-Perspektiven der Balanced Scorecard

Um Missverständnisse darüber zu verhindern, was eine Balanced Scorecard eigentlich ist, seien hier klassische Interpretationsfehler und eine geeignetere Sichtweise gegenübergestellt (Tab. 6.2).

Klassische (Fehl-)Interpretation des Balanced Scorecard-Ansatzes	„Richtige“ Interpretation des Balanced Scorecard-Ansatzes
Balanced Scorecard ist ein Kennzahlensystem.	Balanced Scorecard ist ein Führungssystem mit Kennzahlenunterstützung.
Die Entwicklung von Balanced Scorecards folgt einem Top-down-Ansatz.	Balanced Scorecard ist ein teamorientierter Ansatz, der Management und betroffene Mitarbeiter einbezieht.
Balanced Scorecard ist ein Kontrollsystem.	Balanced Scorecards sind zukunftsorientiert, das heißt Teil des Planungssystems. Sie helfen bei der Operationalisierung der Planung.
Eine Balanced Scorecard hat vier Standard-Perspektiven: Kunden, Finanzen, interne Geschäftsprozesse, Lernen und Entwicklung.	Eine Balanced Scorecard hat mehrere Perspektiven mit unterschiedlichem Inhalt und unterschiedlicher Zahl; entscheidend ist der Anwendungsbereich.
Eine Balanced Scorecard dient der Steuerung des gesamten Unternehmens.	Balanced Scorecards können auf mehreren Ebenen eingesetzt werden (Geschäftseinheiten, Fachbereiche, Abteilungen). Für das Gesamtunternehmen lässt sich ein System von Balanced Scorecards entwickeln.

Tab. 6.2: Interpretationen des Balanced Scorecard-Ansatzes

So lassen sich folgende **Leitsätze** formulieren:

- Die Balanced Scorecard ist ein Führungsinstrument, das zwischen strategischer und operativer Ebene vermittelt.
- Sie stellt sicher, dass die relevanten Zielbereiche (vor allem Kunden und Finanzen) konsequent verfolgt werden.
- Sie ist flexibel anpassbar auf unterschiedliche Unternehmen und Situationen.

- Der Erfolg bei der Umsetzung der Balanced Scorecard hängt nicht von der Einhaltung von Formalien ab, sondern von der Vermittlung bei den Mitarbeitern.

6.3 Die Entwicklung einer projektbezogenen Balanced Scorecard

Das vorgestellte Konzept ist relativ einfach auf ein bestimmtes Projekt zu übertragen. Dabei wird das Projekt wie ein mehr oder weniger selbstständiges Unternehmen betrachtet, das ein vorgegebenes wirtschaftliches Ziel erreichen will und dabei die Interessen seiner Kunden berücksichtigen muss. Es erbringt seine Leistung durch geeignete, qualitativ hochwertige Prozesse und baut dabei auf den Potenzialen der Mitarbeiter und vorhandenen Informationen auf.

Dieser Zusammenhang muss sich sowohl in den Perspektiven als auch in den ausgewählten Steuerungsgrößen widerspiegeln. Projekte, deren Zweck die Erstellung einer marktfähigen Leistung ist (eine individuelle Anlage, eine Software, eine abgeschlossene Dienstleistung usw.), kommen in der Regel mit den bereits vorgestellten vier Perspektiven gut zurecht. Kreative Projekte, etwa die Entwicklung einer Werbekampagne, die Organisation eines Betriebsausflugs u. Ä. benötigen dagegen meist eine individuellere Struktur, vielleicht auch nur zwei oder drei Perspektiven. Wichtig ist: Es kommt nicht darauf an, den Standard auf das Projekt überzustülpen, sondern darauf, für das jeweilige Projekt das optimale Steuerungsinstrument zu organisieren (anders gesagt: bottom up statt top down).

Orientiert man sich zunächst an den klassischen Perspektiven, so ergibt sich etwa die im Bild 6.4 gezeigte „Übersetzung“ für ein Projekt. Beispiele für in den jeweiligen Perspektiven einsetzbare Kennzahlen zeigt Tab. 6.3.

Ergebnisperspektive

„Welche Ziele stehen im Mittelpunkt des Projekts?"
„Was wollen wir mit dem Projekt erreichen?"

Erfasst die zentralen Ziele des Projekts, insbesondere wirtschaftliche. Berücksichtigt auch weitere Faktoren, die die Wirtschaftlichkeit des Projekts beeinflussen. Vor allem kann auch die Termineinhaltung im Vordergrund stehen.

↓

Kundenperspektive

„Was erwarten die Auftraggeber von dem Projekt?"
„Wie kann das Projekt diese Erwartungen erfüllen?"

Beschreibt die messbaren Reaktionen der Kunden, Auftraggeber und ggf. weiterer Interessengruppen. Gibt an, ob und inwieweit das Projekt aus Kundensicht als Erfolg gewertet wird.

↓

Leistungs-/Prozessperspektive

„Wie müssen wir das Projekt steuern, um die Anerkennung durch die Kunden zu erhalten?"
„Welche Maßnahmen führen zum wirtschaftlichen Erfolg des Projekts?"

Erfasst die wesentlichen Stellgrößen der Projektsteuerung. Beschreibt die Erfolgsfaktoren der Projektarbeit sowohl aus Management- als auch aus fachlicher Sicht.

↓

Lern- und Entwicklungsperspektive

„Welche Voraussetzungen müssen wir im Projekt schaffen, um die angestrebte Leistung zu erbringen?"

Beschreibt die erforderlichen Ressourcen für die erfolgreiche Projektarbeit. Bezieht vor allem die Mitarbeiter und ihre Motivation ein.

Bild 6.4: Balanced Scorecard für Projekte

Perspektive	Kennzahl	Definition
Ergebnis-perspektive	Fremdkostenanteil	Anteil der Kosten für externe Dienstleister an den Gesamtkosten
	Projektrendite	Verzinsung des eingesetzten Kapitals für das Projekt (nur bei selbstständigen Großprojekten sinnvoll einsetzbar): Überschuss (Projektgewinn) : eingesetztes (zurechenbares) Gesamtkapital
	Preisrealisierung	Abweichung des erzielten Preises vom geplanten (vereinbarten); kontrolliert den Anteil möglicher Erlösschmälerungen aufgrund von Mängeln, Verspätungen usw.
	Termineinhaltung	Abweichung des Ablieferungstermins vom zugesagten Termin; kontrolliert mögliche Schadensersatzansprüche; ebenfalls Einfluss auf Kundenzufriedenheit
	Budgeteinhaltung	Abweichung der tatsächlichen Kosten von den budgetierten; Maß der Kostendisziplin und Schätzgenauigkeit; soll manipulatives Budgetieren eingrenzen
	Budgeteinhaltung der Kostenstellenkosten	Detailgröße der Budgeteinhaltung; Steuerungsgröße für die Kostenstellenverantwortlichen
	Nacharbeitskosten	Höhe/Anteil der Kosten für Nachbesserungen aufgrund von berechtigten Reklamationen oder zu deren Abwehr; Teil der Fehlerkosten

Tab. 6.3: Beispiele für Kennzahlen in Projekt-Scorecards

Kunden-perspektive	Projektnutzen	Wirtschaftliche Bedeutung des Projekts für den Auftraggeber; Indikator für die Wertschätzung des Projektteams
	Wiederholungsauftrags-rate/-wahrscheinlichkeit	Indikator der Kundenzufriedenheit; nur bei Kunden anwendbar, die für weitere Aufträge in Frage kommen
	Reklamationsrate	Anzahl von Reklamationen, meist bezogen auf die ausgelieferten Funktionen oder Arbeitspakete (Teilprojekte)
	Projektanteil beim Kunden	Anteil des eigenen Auftragsvolumens am Gesamtvolumen des Kunden; Indikator der Wertschätzung und Maßgröße der Abhängigkeit des Kunden
	Anteil am Gesamt-projektvolumen	Einsetzbar nur bei Teilprojektaufträgen: Welchen Anteil des Gesamtprojekts erhalten wir?

Leistungs-/ Prozess-perspektive	Kapazitätsnutzung	Übereinstimmung der genutzten Kapazität (z. B. Personal) mit der geplanten (verfügbaren); Ziel ist eine optimale Kapazitätsnutzung, das heißt keine Engpässe, aber auch keine ungenutzten Kapazitäten
	Termineinhaltung	Alternativ zur Termineinhaltung in der Ergebnisperspektive; dient der Steuerung auch auf Teilprojektebene, hier mehr auf Arbeitsdisziplin im Projektteam bezogen
	Kundeninput (Beteiligung am Projekt)	Ausmaß der Beteiligung des Kunden am Projektverlauf (Zurverfügungstellung von Informationen, Rückmeldungen usw.); meist nur intuitiv schätzbar (als Teil von 100 % = optimal)
	Spezifikations-einhaltung	Ausmaß der Abweichungen realisierter Funktionen und Merkmale von den geforderten; steuert die Orientierung an den Kundenwünschen
	Zahl der Änderungen im Projektverlauf	Wesentlicher Kostenindikator; beeinflusst durch die Qualität der Planung, aber auch die Zusammenarbeit mit dem Auftraggeber
	Anteil projektfremder Tätigkeiten (Linie, Verwaltung)	Kostenindikator; erfasst die Aufwendungen für Arbeiten, die nicht dem Projektfortschritt dienen (Abberufung in Linientätigkeit, administrative Arbeiten wie Stundenaufschreibung, Berichterstattung)

Lern- und Entwicklungs-perspektive	Mitarbeiterqualifikation	Teilweise objektiv zu bestimmen als Anteil einschlägig qualifizierter Mitarbeiter im Projektteam; auch subjektiv als Maß der Erfahrung mit dem Thema
	Zahl der Abstimmungs-treffen	Indikator der Koordinationsqualität; Zahl der Meetings kann im Hinblick auf Koordi-nationserfordernisse und Kosten optimiert werden
	Nutzung des Dokumen-tationssystems	Einsetzbar bei vorhandenen Programmen zur Projektdokumentation; misst deren Akzeptanz und Einsatz
	Anteil der vorgeplanten Arbeitspakete	Maßgröße des Umfangs und der Intensität der Projektplanung; Indikator der Pla-nungsgenauigkeit mit Konsequenzen für Spezifikations-, Budget- und Termineinhal-tung

Tab. 6.3: Beispiele für Kennzahlen in Projekt-Scorecards (Fortsetzung)

Bei der Auswahl der Kennzahlen für das Call Center-Projekt ist noch zu berücksichtigen, dass der Kunde ein interner ist (Geschäftsleitung). Steuerungsgrößen wie etwa eine Wiederholungsauftragswahrscheinlichkeit sind kaum sinnvoll einsetzbar, weil außer der Zufriedenheit mit dem Projektergebnis auch andere Faktoren eine Rolle spielen. Zum Beispiel ist nicht mit einem weiteren vergleichbaren Projekt zu rechnen.

Ergebnisperspektive

Im Original die Finanzperspektive. Da Projekte nicht immer (nur) rein finanzielle Zielsetzungen haben, sollten hier auch andere zentrale Ziele berücksichtigt werden, so dass der allgemeine Begriff „Ergebnisperspektive" treffender ist. Die Erlöse aus dem Projekt können im Mittelpunkt stehen, allerdings nur dann, wenn das Projektergebnis am Markt angeboten wird und kein fester Abnahmepreis zugesagt wurde. Ist dies der Fall, dann bietet es sich an, die Höhe eventueller Zugeständnisse nach Projektabnahme als Steuerungsgröße anzugeben. An dieser Stelle ergeben sich oft Probleme, weil die Profitabilität des Projekts aufgrund von Nachbesserungen oder Preisnachlässen wegen Verspätungen kippt.

Kundenperspektive

Die problematischste Perspektive, weil Kunden mal interne Auftraggeber, mal externe Geschäftspartner sind. Daraus ergeben sich ganz unterschiedliche Ansatzpunkte für die Erfolgssteuerung. Grundsätzliches Problem ist dabei die Tatsache, dass Projekte naturgemäß Einzelereignisse und somit Kennzahlen wie Kundentreue und Wiederkaufrate nur eingeschränkt einsetzbar sind. Man muss daher genau analysieren, was einen „guten Kunden" und den Erfolg bei ihm ausmacht. Anders als im reinen Warenverkaufsgeschäft spielt hier die Bedeutung des Projekts für den Kunden eine zentrale Rolle. Vergibt er einen für seine Verhältnisse großen Auftrag bzw. ist es sein einziger Projektauftrag, dann spricht dies für ein hohes Leistungspotenzial des Auftragnehmers und eine gute Vertrauensbasis. Außerdem ist mit einem hohen Maß an Unterstützung durch den Kunden zu rechnen, ggf. erforderliche Terminverschiebungen können meist durch Verschiebungen bei anderen Projekten aufgefangen werden.

Leistungs-/Prozessperspektive

Diese Perspektive deckt die jeweils relevanten (Leistungs-)Steuerungsgrößen ab, die während der Projektlaufzeit angewandt werden. Je nachdem, worin die zentralen Erfolgsfaktoren des Projekts gesehen werden, stehen hier unterschiedliche Merkmale im Mittelpunkt. Bei der Auswahl der Kennzahlen ist also zu fragen: „Was macht das Projekt erfolgreich?", „An welchen Leistungsmerkmalen werden wir gemessen?" Spielt die Einhaltung des Abgabetermins eine wichtige Rolle, dann müssen hier terminbezogene Kontrollgrößen eingesetzt werden. Ist eine intensive Zusammenarbeit mit dem Auftraggeber erforderlich, dann muss auch diese kontrolliert werden, etwa durch die Häufigkeit des Kontakts oder den Umfang der bereitgestellten Informationen.

Lern- und Entwicklungsperspektive

Hier geht es nun um die internen Voraussetzungen für den Projekterfolg. Was ist zu tun, um die erfolgreiche Arbeit zu gewährleisten? Wie müssen die Mitarbeiter geführt werden, worauf muss die interne Kommunikation achten? Je nach Art des Projekts kann die Qualifikation der Mitarbeiter eine zentrale Rolle spielen, etwa bei Entwicklungsprojekten. Eine hohe Komplexität setzt geeignete Abstimmungsprozesse voraus, die sowohl persönlich (bei kreativem Schwerpunkt) als auch formal (bei technischem Schwerpunkt) ausgestaltet sein können. Hier muss entschieden werden, welche Prozesse am besten geeignet sind und wie intensiv sie eingesetzt werden müssen.

Kommen wir als Beispiel wieder zum Call Center-Projekt zurück. Zwölf Kennzahlen wurden für die Scorecard ausgewählt (Tab. 6.4).

Erstes Problem war die Bestimmung der Steuerungsgrößen der **Ergebnisperspektive**. Natürlich soll das Call Center gut funktionieren, dies lässt sich aber erst lange nach der Einführung feststellen. Daher liegt der Schwerpunkt auf formalen Größen (Budget- und Termineinhaltung). Zusätzlich wurde die Umsetzungsrate ausgewählt, die misst, in welchem Maße die vorgegebenen Funktionen (Leistungsmerkmale der Call Center-Software, „Durchdringen der Konzeption bis zu den Mitarbeitern") umgesetzt wurden. Diese ist im Gegensatz zu den beiden anderen schwer zu operationalisieren, weil sie ein Konglomerat aus technischen Merkmalen, Verständnis und Engagement darstellt. Man hat sich daher darauf verständigt, sie subjektiv zu bestimmen, wobei die ursprüngliche Zielvorstellung gleich 100 % gesetzt wird.

Perspektive	Kennzahl	Zielgröße
Ergebnisperspektive	Budgeteinhaltung	100 %
	Terminabweichung	0 %
	Umsetzungsrate	100 %
Kundenperspektive	Teilnahmequote Schulungen	95 %
	Anzahl Nachbesserungsforderungen	0
Prozessperspektive	Kapazitätsnutzung Programmierung	95 %
	Kapazitätsnutzung Schulungen	90 %
	Anteil geschulter Funktionen	100 %
	Anzahl Spezifikationsänderungen	3
Lern- und Entwicklungsperspektive	Zahl der Treffen	12
	Anteil geplanter und dokumentierter Pakete	14
	Umfang der Zieldefinition durch den Auftraggeber	90 % (subjektiv)

Tab. 6.4: Balanced Scorecard für ein Call Center-Projekt

Für die **Kundenperspektive** werden nur zwei Kennzahlen benötigt, weil der Auftraggeber die eigene Geschäftsleitung ist und ein Wiederholungsprojekt, so hofft man zumindest, nicht in Frage kommt. Die Teilnahmequote bei den Schulungen wird als Indikator dafür verwendet, in welchem Maße das Projekt als sinnvoll angesehen und von den Mitarbeitern unterstützt wird. Man geht davon aus, dass eine gewisse Skepsis (Unzufriedenheit) auf Kundenseite (Geschäftsleitung) dazu führt, die Entsendung der zu schulenden Mitarbeiter eher leger zu handhaben. Ebenso würde das Interesse in den angesprochenen Abteilungen nachlassen, man würde sich öfter mit terminlichen Schwierigkeiten herausreden, zumindest auf Seiten der Führungskräfte.

Nachbesserungsforderungen können sich bei der Endabnahme und bei Zwischenkontrollen (Teilabnahmen) ergeben. Hiermit kann kontrolliert werden, inwieweit die Vorgaben des Kunden umgesetzt wurden bzw. auch, inwieweit notwendige Änderungen an der Planung plausibel gemacht wurden.

Die Kennzahlen der **Prozessperspektive** sind angenehm operational ausgewählt. Zwei beziehen sich auf die Planung bzw. Nutzung vorhandener Kapazitäten, weil hier Kostenfallen bestehen bzw. bei fehlenden Mitarbeitern sofort Terminverzögerungen entstehen. Der Anteil geschulter Funktionen ist ein Qualitätsmaß für den Schulungsteil. Er erfasst, ob vielleicht aus Zeitgründen oder einfach Nachlässigkeit einzelne Funktionen ausgelassen wurden. Die Anzahl der Änderungen zeigt an, ob plangenau gearbeitet wird oder Ressourcen durch „Herumwursteln" verschwendet werden.

Im Bereich **Lernen und Entwicklung** wird zunächst die Zahl der Projekttreffen zur Steuerung verwendet. Diese dienen der Abstimmung der Mitarbeiter untereinander und sollen über das gesamte Projekt bei 12 liegen. Überschreitungen dieser Zahl sind wegen der entstehenden Kosten (Arbeitsausfall) zu vermeiden, Unterschreitungen dürften später Änderungen hervorrufen.

Weiterhin wird die Intensität der Vorplanung betrachtet. Je mehr Arbeitspakete bezüglich Zeit, Vorgaben und Mitarbeiterzahl geplant werden, desto genauer lassen sich Abweichungen erkennen und sind Steuerungsmaßnahmen der Projektleitung möglich. Nicht zuletzt wird eine Schätzung des Beitrags des Auftraggebers eingesetzt. Genaue Zielvorgaben ermöglichen eine zuverlässigere Ablaufplanung und minimieren wiederum spätere Änderungen und Nachbesserungsforderungen.

Die Kennzahlen der Scorecard müssen logisch aufeinander abgestimmt sein.

Während und nach der Entwicklung der Balanced Scorecard stellt sich immer wieder die Frage, ob die ausgewählten Kennzahlen „richtig" sind, ob sie aufeinander abgestimmt sind und ob sie die Logik des Projekts widerspiegeln. Eine Scorecard, die eine lose Ansammlung von Kennzahlen enthält, die wenig miteinander zu tun haben, bewirkt fast gar nichts. Sie eignet sich nämlich nicht zur Erkennung von Ursachen, warum die Zeit nicht eingehalten wird, warum die Kostenziele überschritten werden usw. Es muss also immer möglich sein, ein Projektergebnis durch die Scorecard zu verfolgen, festzustellen, wie es erreicht wird.

Dazu muss man feststellen, ob die Größen in einer ursächlichen Beziehung zueinander stehen. Je intensiver diese Beziehungen untereinander sind, desto besser. Diese Beziehungen lassen sich mit Hilfe eines Pfeildiagramms prüfen, das die genannten Kausalitäten darstellt. Im Bild 6.5 wird dies für unser Beispiel gezeigt. Gäbe es hier eine Kennzahl, die überhaupt nicht von einem Pfeil berührt wird, dann sollte sie sofort eliminiert werden.

Ein hoher Anteil geplanter und dokumentierter Pakete trägt beispielsweise zu einer besseren Kapazitätsauslastung in der Programmierung und bei den Schulungen bei. Die Projektleitung kann dann genauer bestimmen, wann wie viele Mitarbeiter verfügbar sein müssen und entsprechende Kapazitäten bereitstellen. Eine optimale Kapazitätsauslastung (insbesondere: keine Überstundenzuschläge, keine zusätzlichen, teureren Mitarbeiter) trägt zur Einhaltung der Budgetplanung bei.

Eine umfangreiche Zieldefinition durch den Kunden verringert die Zahl der erforderlichen (Plan-, Maßnahmen- usw.) Änderungen während des Projekts, weil vorausschauend geplant werden kann. Damit sinkt auch die Gefahr von Nachbesserungsforderungen, es gibt weniger unvorhergesehene Ereignisse. Damit sinkt auch die Wahrscheinlichkeit einer Terminverschiebung oder einer Budgetüberschreitung.

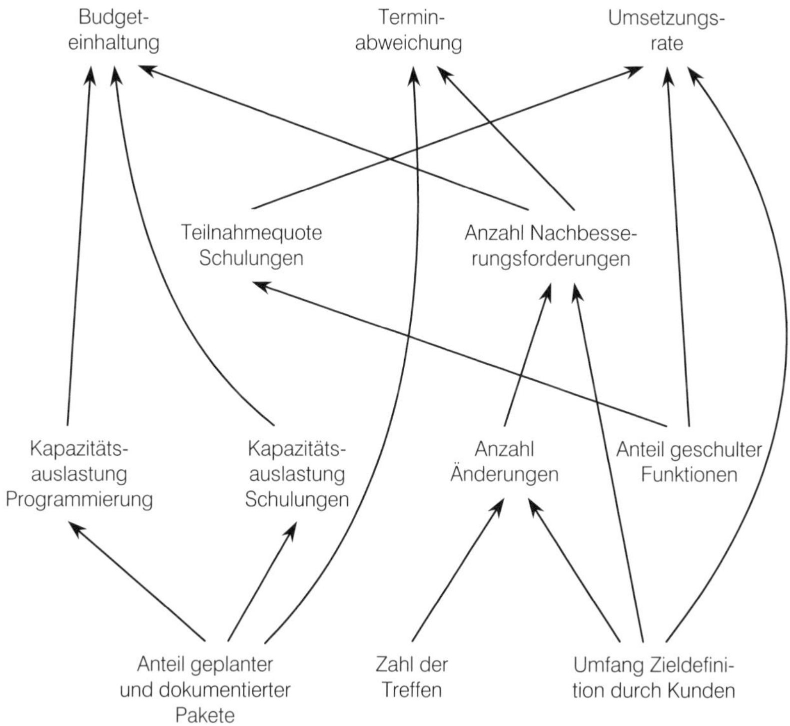

Bild 6.5: Kausaldiagramm zur Projekt Balanced Scorecard

Diese Überlegungen müssen für alle Kennzahlen angestellt werden. Dabei kann nur selten ein mathematischer Zusammenhang hergestellt werden, er muss aber plausibel sein und der Erfahrung der Projektleitung entsprechen. Dann ist es möglich, Einflüsse auf die Zielgrößen (Budget, Termin, Umsetzung) rechtzeitig zu erkennen und entsprechend gegenzusteuern.

Der Projektleiter-Test: Auflösung

Zunächst müssen Sie die Punktwerte für die einzelnen Faktoren ermitteln. Es gibt die Faktoren:

- A für budgetstrategisches Verhalten
- B für kostenorientiertes Verhalten
- C für leistungs-/qualitätsorientiertes Verhalten

In folgender Tabelle finden Sie die Punkte, die Sie für Ihre Antwort auf die zehn Fragen jeweils erhalten. (Beispiel: Sie haben auf die Frage 2 mit b) geantwortet und erhalten dafür 3 B-Punkte.) Diese Punkte addieren Sie getrennt nach A-, B- und C-Werten. Ihr Ergebnis besteht also immer aus einem Zahlen-Tripel.

Frage / Antwort	a)	b)	c)
1	3 A	2 B	1 C
2	3 C	3 B	1 A
3	2 B	2 A	2 C
4	2 A	3 C	3 B
5	2 C	1 B	2 A
6	2 B	1 C	2 A
7	3 C	2 A	2 B
8	2 A	3 B	2 C
9	2 C	3 A	2 B
10	3 A	2 C	2 B

Summame: A: ______ B: ______ C: ______

Faktor A – Budgetstrategisches Verhalten

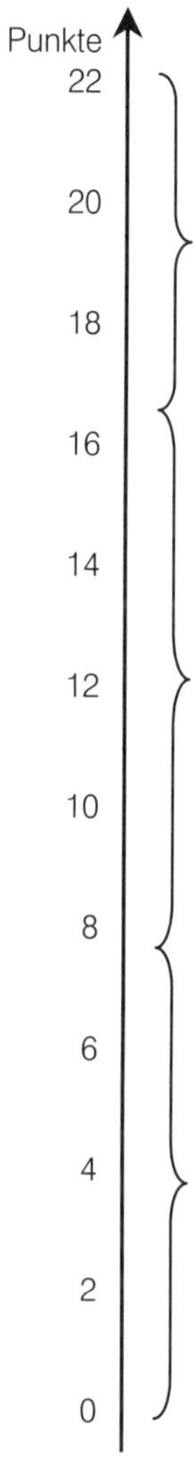

Sie verstehen es gut, mit Budgets umzugehen. Die Bedeutung des Budgets ist Ihnen bekannt. Sie sind auch in der Lage, für ein Ausschöpfen des Budgets und die nötige Budgetkosmetik zu sorgen. Das darf aber nicht zum Selbstzweck werden. Die Projektleistung und auch die Wirtschaftlichkeit dürfen darüber nicht vergessen werden.

Budgets sind für Sie ein notwendiges Übel. Sie wissen zwar, was davon abhängt, ordnen sich aber diesem Druck nicht völlig unter. Leistung und/oder Kosten sind für Sie mindestens gleichwertige Kriterien.

Mit dem Thema Budgetierung können Sie sich nicht so recht anfreunden. Sie richten Ihr Projektleiterverhalten an anderen Kriterien aus. Daraus kann das Problem entstehen, weitere Projekte nicht mehr so genehmigt zu bekommen, wie es für Sie erforderlich ist. Auf dem Papier stehen Ihre Projekte möglicherweise weniger gut da, als sie eigentlich sind. Sie müssen Budgets als strategisches Mittel für die Projektleitung erkennen.

Faktor B – Kostenorientiertes Verhalten

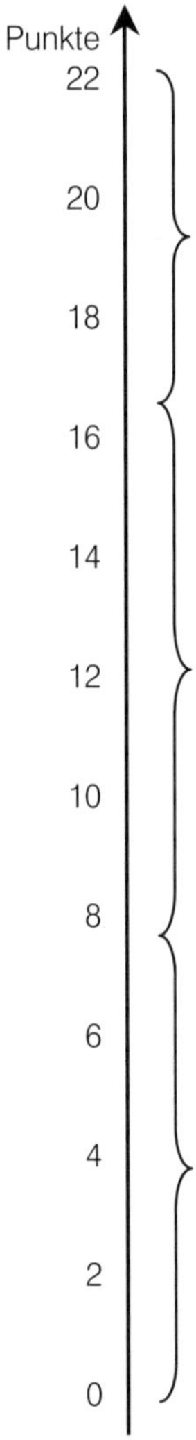

Sie sind ein richtiger Sparfreak. Sich möglichst kostenbewusst zu verhalten und Ersparnisse an den Auftraggeber abzuliefern, steht für Sie im Vordergrund. Prinzipiell ist diese Einstellung nicht schlecht, aber Sie müssen auch daran denken, dass die Projektleistung nicht in Gefahr gebracht wird und dass Sie auch anhand der Höhe und Einhaltung Ihrer Budgets beurteilt werden.

Sie haben ein gesundes Verhältnis zu Kosten und zum Sparen. Es kann kaum passieren, dass Sie ein Projekt durch übertriebenen Spareifer abwürgen. Sie sind aber auch nicht verschwendungssüchtig, sondern überlegen genau, welche Ausgabe sich lohnt und welche nicht.

Auf jeden Fall kann man Ihnen nicht nachsagen, Sie seien ein Sparbrötchen. Sie achten wenig auf die Kosten, sehen sie nur als bremsenden Faktor an. Dabei besteht aber die Gefahr, dass Ihnen eben diese Kosten aus der Hand gleiten und den Auftraggeber auf den Plan rufen.

Faktor C – Leistungs-/qualitätsorientiertes Verhalten

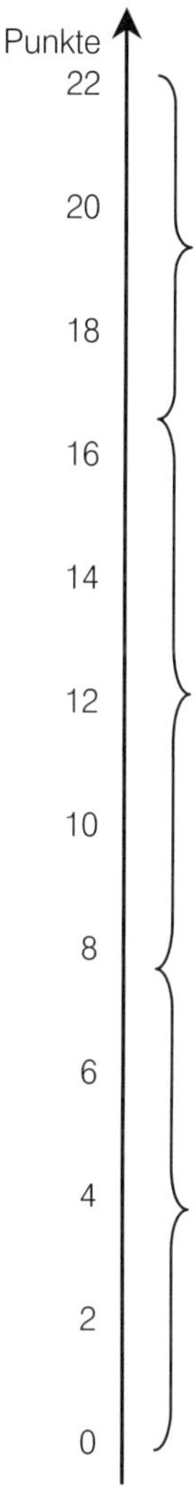

Qualität ist für Sie oberstes Gebot. Ihre Projekte sollen durch ein hohes Qualitäts- und Leistungsniveau überzeugen. Alles andere ist Ihnen egal. Auch für managementbezogene Überlegungen haben Sie wenig Verständnis. Sie verhalten sich nicht immer geschickt, wenn es gilt, ein Projektbudget „durchzubekommen“. Denken Sie daran: Qualität ist wichtig, aber nicht allein entscheidend.

Sie sehen die Projektleistung als einen, nicht den einzigen Erfolgsfaktor an. Auf jeden Fall sind Sie nicht bereit, Kosten zugunsten der Leistung ausufern zu lassen. Dass die Unternehmensleitung und/oder der Auftraggeber auch auf Budget und Kosten achtet, ist Ihnen durchaus bewusst.

Bei Ihnen besteht die Gefahr, sich zu wenig um das Projekt an sich zu kümmern, sondern eher um die Zahlen drum herum. Für Sie sind Kosten und Budgets wichtiger, aber ein Projekt muss auch etwas Substanzielles bringen. Achten Sie daher etwas mehr auf die Projektergebnisse und die Motivation der Mitarbeiter.

Entspricht das Ergebnis Ihrer Selbsteinschätzung? Falls nein, dann denken Sie einmal darüber nach, ob Ihre Handlungsweisen auch anders interpretiert werden können, als Sie dies tun. Oder haben Sie in der Vergangenheit in bestimmten Bereichen Probleme festgestellt? Vor allem dann, wenn Ihre Ergebnisse nahe an den Grenzen liegen, dann darf die Auswertung auch nicht überinterpretiert werden.

7 Projektkontrolle

7.1 Aktionsbereiche der Projektkontrolle

Die Projektkontrolle kann und muss anhand der Kriterien vorgenommen werden, die auch in der Planung berücksichtigt werden:

- inhaltlicher Fortschritt
- Zeit
- Kosten

Dabei spielt die Definition von **Meilensteinen** eine Rolle, weil sie einen besonderen Zwischenschritt darstellen, der für das Projekt von Bedeutung und auch leicht kontrollierbar ist. Beispiele für solche Meilensteine sind: vollständiger Plan, bestandener Test, fertiges Muster.

Wir konzentrieren uns unter dem Aspekt der Budgetplanung auf die Kostenkontrolle, können dabei aber inhaltlichen (Leistungs-)Fortschritt und Zeit nicht außer Acht lassen, weil alle Faktoren miteinander verbunden sind. Es wurde bereits angedeutet, dass ein Kostenvorteil durchaus durch einen Zeitnachteil erkauft werden kann. Daher muss immer auch der Gesamtzusammenhang beachtet werden. In diesem Kapitel wird entsprechend zunächst die Kostenkontrolle betrachtet und dann auf eine ganzheitliche Kontrolle von Kosten, Leistung und Zeit eingegangen.

7.2 Arten des Plan/Ist-Vergleichs

Kontrolle besteht im Wesentlichen aus Vergleichen von Plan und Ist, das heißt den budgetierten und den tatsächlich erreichten Werten. Das geht bei der Kontrolle einer Maschinenleistung relativ einfach, weil die Maschine tagein tagaus vor sich hin arbeitet, weitgehend konstant und ohne Unterbrechungen. Insofern fällt es leicht, zu bestimmten Zeitpunkten Werte abzulesen oder Verbräuche zu berechnen.

Projekte funktionieren ganz anders. Sie zeichnen sich durch Unregelmäßigkeiten aus, weil flexibel auf Entwicklungen und Ereignisse reagiert werden muss. Diese Flexibilität und Unregelmäßigkeit ist nun keineswegs negativ. Projekte sind ja gerade dafür da, mit solchen Situationen fertig zu werden. Das führt aber meist dazu, dass es nicht mehr so einfach zu kontrollieren ist, ob man sich auf dem budgetierten Weg befindet.

Für die Projektkontrolle müssen daher vier prinzipielle, unterschiedliche Arten des Vergleichs unterschieden werden (vgl. Burghardt 2002, S. 351 ff.):

1. Absoluter Plan/Ist-Vergleich
2. Linearer Plan/Ist-Vergleich
3. Aufwandskorrelierter Plan/Ist-Vergleich
4. Plankorrelierter Plan/Ist-Vergleich

1. Absoluter Plan/Ist-Vergleich

Grundprinzip: Die aktuellen Ist-Werte werden mit den Planwerten für das Projekt insgesamt verglichen. Dadurch lässt sich nur feststellen, in welchem Maße das Gesamtbudget ausgeschöpft wurde. Ob sich das Projekt aktuell auf dem richtigen Weg befindet, geht nicht daraus hervor. Erst am Ende lässt sich dies feststellen, was aber für Korrekturmaßnahmen zu spät ist.

Beispiel:

Monat:	1	2	3	4	5	6
Plan:	2.040	2.040	2.040	2.040	2.040	2.040
Ist:	400	700	1.200	1.500	1.800	2.250
Abweichung:	– 1.640	– 1.340	– 840	– 540	– 240	+ 210

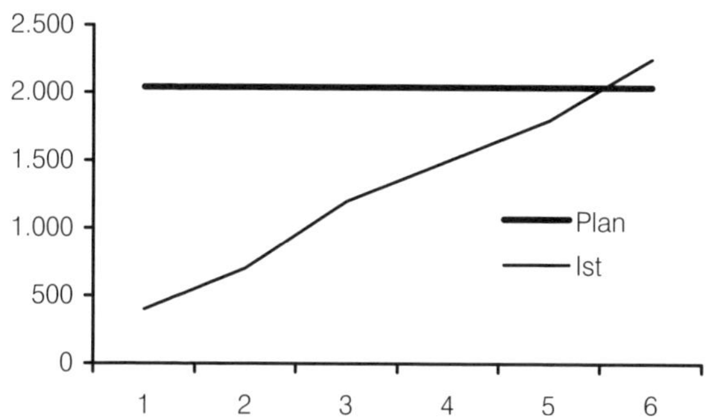

Bild 7.1: Absoluter Plan/Ist-Vergleich

2. Linearer Plan/Ist-Vergleich

Der absolute Plan/Ist-Vergleich ist also wenig aussagefähig. Eine Zwischenkontrolle kann nur dann erfolgen, wenn die Planwerte auch auf die einzelnen Periodenabschnitte (Monate oder andere Abrechnungsperioden, Meilensteine) bezogen werden. Dies geschieht im einfachsten Fall durch eine Linearisierung. Dabei wird unterstellt, dass in jeder Periode ein gleicher Anteil der Planwerte anfällt. Somit sind periodenweise Abweichungen berechenbar.

Beispiel:

Monat:	1	2	3	4	5	6
Plan:	340	680	1.020	1.360	1.700	2.040
Ist:	400	700	1.200	1.500	1.800	2.250
Abweichung:	+ 60	+ 20	+ 180	+ 140	+ 100	+ 210

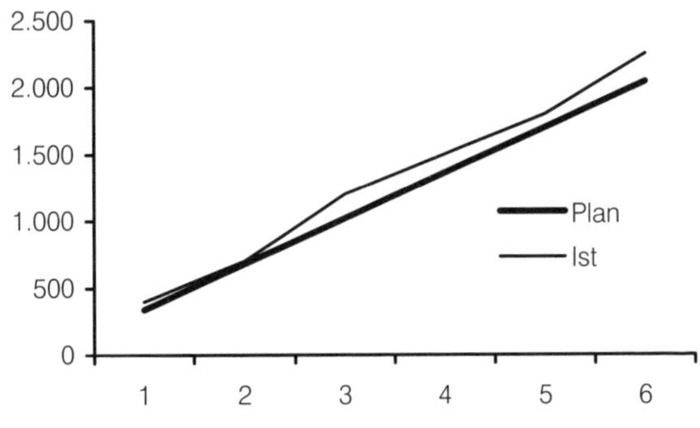

Bild 7.2: Linearer Plan/Ist-Vergleich

3. Aufwandskorrelierter Plan/Ist-Vergleich

Der lineare Plan/Ist-Vergleich ist schon besser als die erste Version. Aber er geht noch nicht auf die realen Verhältnisse ein, die meist nicht linear sind, sondern anderen Gesetzen folgen. So ist der Aufwand für das Projekt gegen Anfang, Mitte und Ende meist unterschiedlich hoch, ein linearer Istkostenverlauf wäre dann zwar elegant, manchmal aber zu hoch und manchmal niedriger als erwartet. Beim aufwandskorrelierten Plan/Ist-Vergleich werden nun unterschiedlich hoch geplante Aufwendungen in den einzelnen (Teil-)Perioden berücksichtigt.

Beispiel:

Monat:	1	2	3	4	5	6
Plan:	220	530	1.060	1.580	1.900	2.040
Ist:	400	700	1.200	1.500	1.800	2.250
Abweichung:	+ 180	+ 170	+ 140	– 80	– 100	+ 210

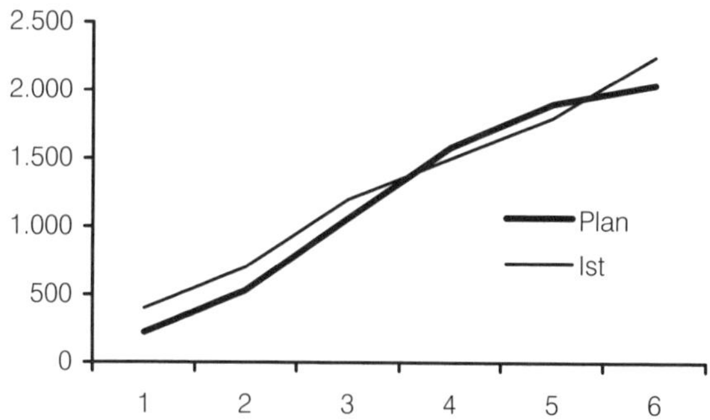

Bild 7.3: Aufwandskorrelierter Plan/Ist-Vergleich

Hier zeigt sich sogar, dass die tatsächlichen Kosten in den Monaten 4 und 5 unter den geplanten liegen. Der Anstieg der Kosten im Monat 6 ist dadurch als besonders hoch einzustufen.

4. Plankorrelierter Plan/Ist-Vergleich

Der dritten Variante ist nur noch ein kleiner „Schönheitsfehler" nachzusagen, nämlich der, dass sie bei den Planwerten auf Planungen vor Projektbeginn basiert und keine Veränderungen während des Projektverlaufs berücksichtigt. Je nach Gesamtvolumen kann es nämlich sinnvoll sein, auf der Basis des jeweiligen Projektstands eine Restkostenschätzung vorzunehmen. Diese ist zwar aufwendig, informiert aber aktuell über den noch erforderlichen Aufwand für die Fertigstellung des Projekts.

Beispiel:

Monat:	1	2	3	4	5	6
Plan:	220	700	1.060	1.680	1.820	2.200
Ist:	400	700	1.200	1.500	1.800	2.250
Abweichung:	+ 180	+ 0	+ 140	– 180	– 20	+ 50

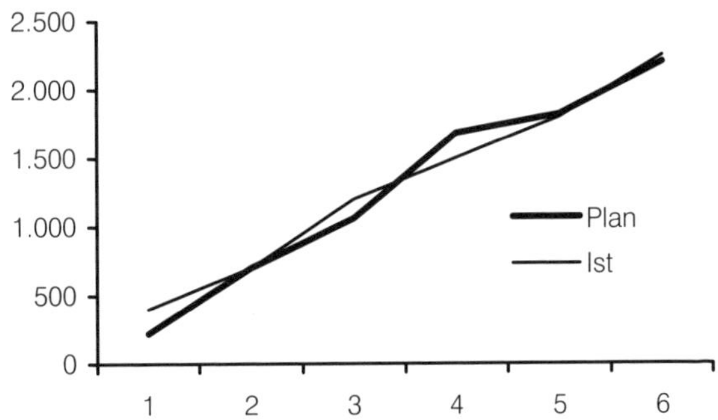

Bild 7.4: Plankorrelierter Plan/Ist-Vergleich

Aufgrund der ungünstigen Entwicklung wurde der Planwert für die Projektkosten nach dem fünften Monat auf 2.200 erhöht. Hier zeichnete sich ab, dass der ursprüngliche Wert von 2.040 nicht mehr zu halten wäre.

Welches Verfahren des Plan/Ist-Vergleichs zum Einsatz kommt, hängt von mehreren Faktoren ab:

- Beim **plankorrelierten Vergleich** nimmt der Druck zum Kostensparen ab, wenngleich es natürlich realistischere Ergebnisse bringt. Außerdem ist der laufende Planungsaufwand hoch, so dass es nur bei bedeutenden Projekten mit langer Laufzeit zum Einsatz kommt.
- Der **aufwandskorrelierte Vergleich** stellt wesentlich geringere Anforderungen, setzt aber auch ein gewisses Mindestmaß an Planung voraus. Er lässt sich meist recht gut im Zusammenhang mit der Netzplantechnik einsetzen. Zumindest ist aber eine Definition von Meilensteinen erforderlich.
- Der **lineare Plan/Ist-Vergleich** ist nur dann ein geeignetes Mittel, wenn es keine Anhaltspunkte für unterschiedlichen Aufwand in den einzelnen Projektphasen gibt. Dies könnte etwa bei reinen Manpower-Projekten gelten (z. B. bei Konzeptentwicklung, Beratung). Sonst könnte er sogar zur Fehlsteuerung führen.
- Der **absolute Plan/Ist-Vergleich** ist praktisch unbrauchbar. Er kann allenfalls ein gewisses Gefühl dafür vermitteln, ob noch die Chance für eine Budgeteinhaltung besteht. Mehr nicht. Hier wird er nur erwähnt, weil es ihn trotz allem gelegentlich noch gibt.

7.3 Kostenkontrolle

Der erste Schritt der Kostenkontrolle ist deren **Erfassung**. Dies ist auch schon das erste Problem, denn welcher Projektmitarbeiter hat schon Lust, regelmäßig seine Arbeitsstunden aufzuschreiben oder sonst wie Bericht zu führen. Gerade die geleisteten Arbeitsstunden sind das zentrale Problem. Sie stellen meist den größten Kostenblock dar, und nicht immer lässt sich jeder Mitarbeiter genau einem Teilprojekt, teilweise nicht einmal genau einem einzelnen Projekt zuordnen.

Ursache für diese Schwierigkeiten sind manchmal ungeeignete Erfassungsmechanismen, nicht selten aber auch ein relativ geringes Interesse an einer exakten Kontrolle der Tätigkeiten durch die Projektleitung. Schließlich passiert es oft, dass Zeitvorgaben nicht eingehalten werden oder der Arbeitsaufwand wesentlich höher als geplant ist, was beides nicht immer als positiv für die Betroffenen zu interpretieren ist.

Um die Gesamtaufgabe der Kostenkontrolle systematisch bearbeiten zu können, orientieren wir uns hier an den **zentralen Fragestellungen**:

- Wer erfasst die Kosten?
- Wie werden die Kosten erfasst?
- Wann werden die Kosten erfasst?
- Wie werden die Kostendaten ausgewertet?

7.3.1 Wer erfasst die Kosten?

Grundsätzlich gilt das **Verantwortungsprinzip**. Wer für die Entstehung bzw. die Einhaltung von Kostenvorgaben verantwortlich gemacht wird, muss sich auch um deren Erfassung kümmern. Damit ist in erster Linie der Verantwortliche einer Projektkostenstelle gemeint. Da es aber passieren kann, dass hierzu die Arbeit von 15 oder 20 Projektmitarbeitern gehört, kann dieser natürlich nicht jedem hinterherlaufen und die Stunden tätigkeitsbezogen erfassen. Das reine Aufschreiben von Stunden oder Tagen für ein Teilprojekt kann daher an die jeweiligen Einzelpersonen delegiert werden.

Die Kontrolle darüber, ob dies zuverlässig und vor allem nach gleichen Grundsätzen erfolgt, obliegt den Kostenstellenverantwortlichen. Sie sind ebenfalls für die anderen Kosten in ihrem Verantwortungsbereich zuständig, etwa Büro- und EDV-Kosten. Bild 7.5 zeigt eine Gliederung des Verantwortlichkeitssystems.

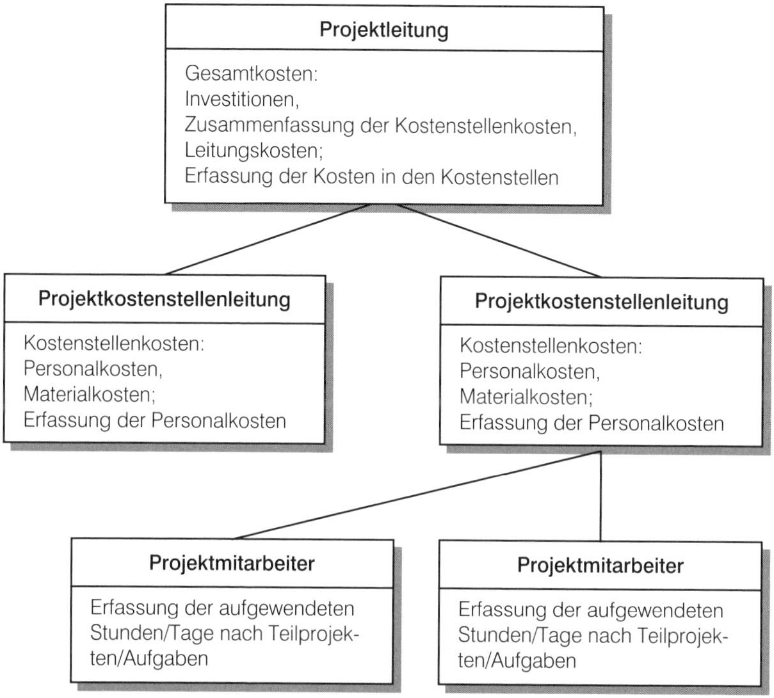

Bild 7.5: Kostenbezogene Verantwortlichkeiten in der Projekthierarchie

7.3.2 Wie werden die Kosten erfasst?

Durch geeignete Erfassungsinstrumente kann die Genauigkeit der Kostenerfassung wesentlich beeinflusst werden. Dabei sind zwei Ziele im Auge zu behalten: Zum einen muss die Gesamthöhe der Ausgaben unter Kontrolle bleiben, also etwa im Rahmen des Budgets, zum anderen ist mehr oder weniger beabsichtigten Schummeleien vorzubeugen, die z. B. vorhandene Ineffizienzen und Fehlplanungen kaschieren sollen.

Die Kostenerfassung muss daher zwei **Grundprinzipien** berücksichtigen:

- Sie muss schnell („zeitnah") erfolgen.
- Sie muss ein unmissverständliches Schema der Zuordnung vorgeben.

Die **Schnelligkeit** ist vor allem dadurch zu erreichen, dass auf klassische Zyklen wie die monatliche Abrechnung „aus dem Gedächtnis" verzichtet wird, sondern eine sofortige Belegerfassung bzw. eine tagesaktuelle Stundenerfassung bei den Mitarbeitern erfolgt.

Die **Zuordnung** der Kosten zu Teilprojekten/Aufgaben wird durch eine eindeutige Vorgabe von Kennzeichnungen erreicht. Es darf nicht mehr den großen Topf „Projekt" geben, sondern Projektkostenstellen mit entsprechenden Nummern oder sonstigen Kennzeichen, und möglichst auch Arbeitspakete mit solchen Bezeichnungen. Die Möglichkeit, einzelne Kosten „ganz aus Versehen" in einem falschen Bereich zu erfassen, werden dadurch eingeschränkt.

Beispiel: Für das bereits oben dargestellte Call Center-Projekt können die notwendigen Kennzeichnungen leicht aus den Kostenstellenformularen abgeleitet werden (Tab. 7.1). Dabei entsteht letztlich ein **Kontenplan**, der sich mit seinen Bezeichnungen

- an den Kostenstellen (erste Stelle) und
- an den Kostenarten (zweite Stelle)

orientiert. Dies dient der Kennzeichnung von Belegen, hat aber nichts mit Konten im Sinne der Buchhaltung zu tun. Wenn man sich an diesem Vergleich orientieren will, dann übernehmen die Projektkostenstellen die Rolle der Konten.

Projekt-leitung (KSt 1)	**Raum-beschaffung (KSt 2)**	**Software-entwicklung (KSt 3)**	**Schulung/ Training (KSt 4)**
Gehalt 1.1	Gehalt 2.1	Gehalt Teilprojekt-leitung 3.1	Gehalt 4.1
– Zusatzkosten 1.11	– Zusatzkosten 2.11	– Zusatzkosten 3.11	– Zusatzkosten 4.11
Raumkosten 1.5	Fremdkosten 2.4	Gehalt Programmierer 3.2	Raumkosten 4.5
Porto/Kommuni-kation 1.6	Raumkosten 2.5	– Zusatzkosten 3.21	Porto/Kommuni-kation 4.6
Reisekosten 1.7	Porto/Kommuni-kation 2.6	Gehalt Assistenz 3.3	Reisekosten 4.7
Büromaterial 1.8	Reisekosten 2.7	– Zusatzkosten 3.31	Büromaterial 1.8
Büroausstattung/ EDV 1.9	Büromaterial 2.8	Raumkosten/ Energie 3.5	Büroausstattung/ EDV 4.9
Sonstiges 1.0	Büroausstattung/ EDV 2.9	Hardwarekosten 3.91	Honorare extern 4.4
Summe	Sonstiges 2.0	Softwarekosten/ Betriebszeit 3.92	Sonstiges 4.0
	Summe	Porto/Kommuni-kation 3.6	**Summe**
		Reisekosten 3.7	
		Büromaterial 3.8	
		Büroausstattung 3.93	
		Sonstiges 3.0	
		Summe	

Tab. 7.1: Kostenerfassungsschema Projekt „Call Center“

Sinnvoll ist es, die Kennzeichnungen nach einer einheitlichen Systematik zu vergeben, z. B. X.Y. Die erste Stelle steht für die Projektkostenstelle (bzw. das Teilprojekt oder Arbeitspaket, je nach Projektgliederung – hier von 1 = Projektleitung bis 4 = Schulung/ Training), die zweite für die Kostenart. Da bei Management-(bzw. „Gemeinkosten-“ oder Verwaltungs-)Projekten immer wieder die gleichen Kostenarten auftreten, kann man sich an den in Tab. 7.2

genannten Ziffern orientieren. Für Projekte mit Produktions- oder Entwicklungsschwerpunkt muss aufgrund der jeweiligen Besonderheiten ein individuelles Schema aufgestellt werden.

Kostenart	Kennziffer	Unterpunkte
Gehalt – Mitarbeiter allgemein	1	für Sozialabgaben, Zusatzkosten usw. 11, 12, 13 ...
Gehalt – Mitarbeiter anderer Qualifikations-/Gehaltsstufen	2	für Sozialabgaben, Zusatzkosten usw. 21, 22, 23 ...
Gehalt – Mitarbeiter anderer Qualifikations-/Gehaltsstufen	3	für Sozialabgaben, Zusatzkosten usw. 31, 32, 33 ...
Fremdkosten (Honorare, Dienstleistungen)	4	bei großen Beträgen Unterteilung in 41, 42, 43 ...
Raumkosten	5	
Porto/Kommunikation	6	
Reisekosten	7	
Büromaterial	8	
Büroausstattung/EDV	9	bei hohen EDV-Anteilen Unterteilung in Hardware/Software usw. 91, 92, 93 ...
Sonstiges	0	

Tab. 7.2: Kennzeichnung von Projektkostenarten für die Erfassung

Problemschwerpunkt der Kostenerfassung ist, wie gesagt, die Erfassung und Zurechnung der geleisteten Arbeitsstunden und -tage. Sie kann üblicherweise nur direkt von den jeweiligen Mitarbeitern geleistet werden. Um hierbei zu zuverlässigen Angaben zu kommen, muss es die Projektleitung den Mitarbeitern leicht machen, die Zeiten zu dokumentieren, aber gleichzeitig schwer, dies in manipulativer Weise zu tun.

Klassische Fehler bei der Zeitaufschreibung:

Es werden zu viele Stunden pro Tag und Woche aufgeschrieben, um eine hohe Arbeitsbelastung vorzutäuschen oder den rechnerischen Stundensatz zu senken.

Die Zeiten werden erst am Monatsende aus dem Gedächtnis aufgeschrieben, so dass sie alles andere als richtig sind.

Bei Tätigkeit eines Mitarbeiters für mehrere Projekte werden die geleisteten Stunden verschoben, um ein Projekt zugunsten eines anderen schlechter zu zeichnen.

Es werden zu wenige Stunden für ein Teilprojekt aufgeschrieben, weil der Arbeitsfortschritt zu gering ist und diese Diskrepanz nicht auffallen soll.

Die Zeiten werden aus Bequemlichkeit nicht den Teilprojekten bzw. Aufgabenpaketen zugeordnet, sondern dem Projekt insgesamt.

Nach Projektabschluss werden vergessene Stundenzettel nachgereicht, die dann nicht mehr oder nur noch mit hohem Korrekturaufwand in die Endabrechnung kommen.

Ein bisschen Formularbürokratie hilft bei der Kontrolle der Kosten!

Um solche mehr oder weniger absichtlichen Fehler zu unterbinden, sollte auf ein eindeutiges Erfassungsformular und einen Verweis auf den Arbeitsfortschritt Wert gelegt werden. Anders gesagt: Eine Aufschreibung von Stunden oder Tagen ohne Aufgabenbezug muss ebenso verhindert werden wie ein fehlender Leistungsbezug.

Diese Forderungen lassen sich recht leicht durch ein **Bildschirmerfassungsformular** realisieren, bei dem die Projektmitarbeiter am Tagesende in eine Maske eingeben, wie lange sie an welcher Aufgabe gearbeitet haben. Fehlen Angaben oder sind sie nicht plausibel, kann durch das Programm eine sofortige Rückmeldung gegeben werden. Fehlantworten, bewusst oder unbewusst, sind kaum noch möglich. Neben der einfachen Erfassung ist natürlich auch eine einfache Kontrolle durch die Verantwortlichen möglich. Projekt- und -kostenstellenleiter wissen über den aktuellen Stand des Arbeitszeitverbrauchs Bescheid und können ggf. steuernd eingreifen.

Diese Erfassung am Bildschirm hat allerdings wesentliche **Nachteile**:

1. Zunächst einmal ist das Gefühl der Überwachung sehr stark. Die berichtenden Mitarbeiter fühlen sich genauestens kontrolliert und fragen sich, ob nicht auch wahrheitsgemäße Angaben zu einem Misstrauen seitens der Leitung führen können. Beispielsweise kann durchaus eine längere Arbeitspause sinnvoll und notwendig sein, was sich aber nicht aus dem Berichtssystem ergeben muss.

2. Das zweite Problem hängt damit zusammen, dass keineswegs jeder Mitarbeiter regelmäßig am Bildschirm arbeitet. Wer aber im Rahmen seiner Projekttätigkeit Kunden besucht oder auf einer Baustelle arbeitet, ist kaum dazu zu veranlassen, seine Zeiten am Abend noch an einem PC einzutragen. Einen Zettel auszufüllen dürfte das höchste der Gefühle sein.

Tab. 7.3 zeigt ein Beispiel für einen solchen Erfassungsbeleg. Er fragt die Zuordnung zu einer Kostenstelle und ggf. weiter untergliederte Teilprojekte ab, die Tätigkeitsart und -dauer und das Maß der Zielerreichung.

Letzterer Punkt ist natürlich eher eine subjektive Einschätzung als ein objektiver Maßstab, führt aber letztlich zu einer Selbstdisziplinierung. Schließlich steckt hinter einer Angabe wie „zu 80 % erledigt" auch der Anreiz, bald fertig zu werden. Wird aus Vorsichtsgründen immer nur „50 %“ angegeben, wird die Leitung schnell misstrauisch und übt selbst Druck aus.

Zeiterfassungsbeleg von: ______						Zeitraum: ______		
Firma/Ort: ______			Telefon: ______			Pers.nr.: ______		
Projekt Nr.	**Projekt-KSt.**	**Teil-projekt**	**Tätig-keit**	**Zeit h/t**	**kumu-liert**	**von Budget**	**Leistung erreicht**	**Leistung geplant**
			Summe:					
Unterschrift: ______			bearbeitet: ______			genehmigt: ______		

Tab. 7.3: Zeiterfassungsbeleg

Tab. 7.4 zeigt ein Beispiel für einen ausgefüllten Erfassungsbeleg. Klaus Hoffmann ist hier im Oktober 2003 für das Projekt mit der Bezeichnung 3-48 tätig. Er arbeitet für zwei verschiedene Projektkostenstellen (die Teilprojekten entsprechen, so dass sie hier nicht weiter unterteilt werden), nämlich 3 und 4. Da er nicht nur tageweise arbeitet und auch noch eine Linienfunktion im Unternehmen hat, gibt er seine Arbeitszeit stundenweise an. (Externe Projektmitarbeiter würden sicherlich nur auf Tagesbasis arbeiten und entsprechend ganze Tage angeben.) Seine Tätigkeit ist jeweils Beratung, Schulung oder Dokumentation. Weiterhin gibt er an, inwieweit das Budget für diese Tätigkeit ausgeschöpft wird. Die Zeiten ergeben sich aus der Arbeitsanweisung, die im Rahmen der Projektplanung erstellt wird. Zuletzt gibt er noch an, wie der Leistungsfortschritt ist. Bei einer beratenden Tätigkeit ist dies naturgemäß nicht mehr als eine subjektive Schätzung. Bei der Schulung kann z. B. auf die Zahl der geschulten Personen zurückgegriffen werden (Tab. 7.4).

Zeiterfassungsbeleg von: Klaus Hoffmann						Zeitraum: Okt. 2003		
Firma/Ort: Ulm			Telefon: 3882-398			Pers.nr.: 981237288		
Projekt Nr.	Projekt-KSt.	Teil-projekt	Tätig-keit	Zeit t/h	kumu-liert	von Budget	Leistung erreicht	Leistung geplant
3-48	3		Berat.	4 h	4 h	10 %	10 %	10 %
	3		Berat.	16 h	20 h	50 %	50 %	50 %
	3		Schul.	8 h	8 h	16 %	20 %	15 %
	3		Schul.	8 h	16 h	32 %	40 %	30 %
	3		Berat.	2 h	22 h	55 %	80 %	60 %
	4		Doku.	8 h	8 h	-	-	-
	4		Berat.	4 h	4 h	-	-	-
	3		Schul.	34 h	50 h	100 %	100 %	100 %
	3		Doku.	8 h	8 h	133 %	100 %	100 %
-	-	-	-	-	-	-	-	-
			Summe:					
Unterschrift:			bearbeitet:			genehmigt:		

Tab. 7.4: Beispiel eines Zeiterfassungsbelegs

Die Arbeiten für die Kostenstelle 4 waren ungeplant, deswegen wird kein Vergleich mit Budget oder Leistung vorgenommen.

7.3.3 Wann werden die Kosten erfasst?

Alle Fragen der Kostenerfassung müssen sich am Prinzip der Entscheidungsrelevanz orientieren. Kann bzw. muss kurzfristig reagiert werden, falls es zu Fehlentwicklungen kommt, dann müssen die relevanten Daten auch kurzfristig zur Verfügung stehen. Dauert ein Projekt beispielsweise nur zwei Monate und werden vielleicht 20 Personen dabei eingesetzt, dann bringt eine monatsweise Kostenerfassung gar nichts, weil erst so spät eingegriffen werden kann, dass selbst ein Krisenmanagement nichts mehr ausrichten kann.

Andererseits ist bei einer Projektdauer von mehr als einem Jahr eine tageweise Erfassung ebenso wenig sinnvoll, weil sie allenfalls zu Aktionismus führt, der eher Verwirrung stiftet. Vor allem muss gewährleistet sein, dass die Kostenerfassung nicht überwiegend von zufälligen Schwankungen beeinflusst wird, die eine Reaktion gar nicht erfordern würden. Diese entstehen z. B., wenn Mitarbeiter mit höherer Priorität in der Linie eingesetzt werden, ohne den Projekterfolg zu gefährden, wenn der Projektfortschritt von Kundenbeiträgen abhängig ist, die aber nicht regel- und planmäßig erbracht werden, oder wenn etwa auf Laborergebnisse von externen Dienstleistern gewartet werden muss.

Insofern kann die Entscheidung lauten, tägliche Kostenkontrollen durchzuführen, aber auch wöchentliche oder monatliche. Es muss nur jeweils sichergestellt sein, dass die Ergebnisse auch verarbeitet und nicht einfach nur abgelegt werden.

7.3.4 Wie werden die Kostendaten ausgewertet?

Sowohl die Leiter der Projektkostenstellen als auch die Gesamtprojektleiter müssen regelmäßig über den Stand der Budgetausschöpfung informiert werden. Dies geschieht jeweils auf unterschiedlichem Detaillierungsniveau. Während die Projektkostenstellenverantwortlichen genau über einzelne Kostenpositionen Bescheid wissen sollten, weil sie hier auch gegensteuern können, muss sich die Projektleitung nicht um die Büromaterialausgaben in den einzelnen Teilprojekten kümmern. Diese Aufgabe muss delegiert werden. Dafür sind Angaben über die Gesamtentwicklung in den Projektkostenstellen erforderlich, so dass gegebenenfalls dort Gegensteuerungsmaßnahmen eingefordert werden können.

Tab. 7.5 zeigt eine Budgetübersicht für eine Projektkostenstelle. Dabei wird von drei abgegrenzten Perioden ausgegangen, die als Lose bezeichnet werden. Es muss sich nicht um Kalenderzeiten (Monate, Quartale) handeln, oftmals sind Meilensteine mit definierten Zwischenergebnissen bzw. wichtigen Abstimmungszeitpunkten maßgebend. Nicht zuletzt wird das Budget teilweise auch in mehreren Etappen vergeben, wobei der jeweilige Projektfortschritt das Entscheidungskriterium ist. Die Unterscheidung mehrerer Lose unterstützt eine solche Vorgehensweise.

Der obere Teil der Übersicht zeigt zunächst, welche Budgets für die einzelnen Kostenarten überhaupt vergeben wurden. Er wird vor dem Projektbeginn erstellt. Der untere Teil gibt dann für die laufende Kontrolle die Abweichungen der tatsächlichen Kosten von den Budgets an.

Budgetübersicht Projektkostenstelle Projektleitung

Kostenart	Budget gesamt	Budget Los 1	Budget Los 2	Budget Los 3
Gehalt				
– Zusatzkosten				
Raumkosten				
Porto/Kommunikation				
Reisekosten				
Büromaterial				
Büroausstattung/EDV				
Sonstiges				
Summe				

Kostenart	Ist Los 1	Abw. zu Budget	Prognose	Ist Los 2	Abw. zu Budget	Prognose	Ist Los 3	Abw. zu Budget	Ist Projekt gesamt
Gehalt									
– Zusatzkosten									
Raumkosten									
Porto/Komm.									
Reisekosten									
Büromaterial									
Büroaus./EDV									
Sonstiges									
Summe									

Tab. 7.5: Beispiel einer Budgetübersicht einer Projektkostenstelle

Budgetübersicht Projekt „Call Center“

Projektkosten-stelle	Budget gesamt	Budget Los 1	Ist Los 1	Abw. zu Budget	Prognose	Budget Los 2
Projekt-leitung	83.800	27.933	27.374	– 2 %	82.124	27.933
– Gehalt	45.000	15.000	15.000	0 %	45.000	15.000
Raum-beschaffung	80.100				80.100	80.100
– Gehalt	29.000				29.000	29.000
Software-entwicklung	144.350	57.740	71.412	+ 24 %	178.994	57.740
– Gehalt	110.100	44.040	53.200	+ 21%	133.221	44.040
Schulung/ Training	115.300					
– Gehalt	76.000					
Summe	**423.550**					

Die Zeile Gehalt beinhaltet jeweils die Personalzusatzkosten.

Tab. 7.6: Budgetkontrolle des Projekts „Call Center”

Tab. 7.6 zeigt das Kontrollinstrument für die Projektleitung. Die Kostenarten wurden verdichtet, bei den einzelnen Projektkostenstellen wurde nur noch die wichtigste Kategorie mit erfasst, hier sind es wie meist auch die Gehaltskosten. So lässt sich ein zentraler Einflussfaktor besonders im Blick behalten.

Für die einzelnen Projektlose (Wochen 1–6, 7–12, 13-18) werden wieder die Abweichungen für die einzelnen Kostenstellen ermittelt. Relevante Abweichungen führen zu einer entsprechenden Diskussion mit den Verantwortlichen, wobei neben den Kosten auch Sachinhalte und Termine beachtet werden müssen.

Budgetübersicht Projekt „Call Center“

Ist Los 2	Abw. zu Budget	Prognose	Budget Los 3	Ist Los 3	Abw. zu Budget	Ist insgesamt	Abw. zu Budget
26.405	– 5 %	81.507	27.934	28.031	+ 1 %	81.810	– 2 %
15.000	0 %	45.000	15.000	15.000	0 %	45.000	0 %
72.350	– 10 %	72.350				72.350	– 10 %
31.400	+ 8 %	31.400				31.400	+ 8 %
51.600	– 11 %	153.765	28.870	22.818	– 21 %	145.830	+ 1 %
39.800	– 10 %	116.250	22.020	18.600	– 16 %	111.600	+ 1 %
			115.300	120.150	+ 4 %	120.150	+ 4 %
			76.000	81.000	+ 7 %	81.000	+ 7 %
						420.140	

Tab. 7.6: Budgetkontrolle des Projekts „Call Center" (Fortsetzung)

Komplexe Projekte können die Kontrolle für die Leitung recht unübersichtlich werden lassen, allein schon wegen der Menge Zahlen. Daher bietet sich eine grafische Aufbereitung an. Auf der Basis der Werte für das Los 1 ergibt sich für die Abweichung vom Budget die im Bild 7.6 gezeigte Darstellung. Die Flächen spiegeln horizontal das Maß der Abweichung und vertikal das Gesamtvolumen wider. Je größer die Fläche, desto stärker muss sich die Projektleitung um die Abweichung kümmern. Dies gilt auch bei positiven Abweichungen. Hier stellt sich nämlich die Frage, ob der Leistungsfortschritt geplant verläuft.

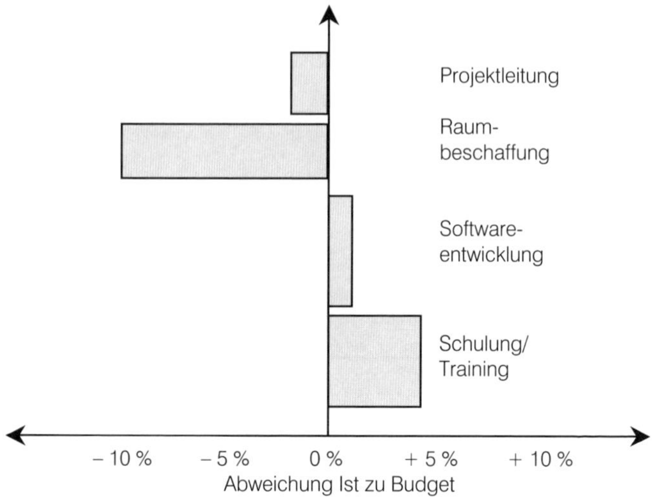

Bild 7.6: Grafische Darstellung von Abweichungen Ist zu Budget

7.4 Kombinierte Zeit-, Leistungs- und Kostenkontrolle

Bereits am Anfang des Buches wurde darauf Wert gelegt, dass nicht nur die Kosten, sondern auch die Termineinhaltung und die erbrachte Leistung (Anforderungsübereinstimmung) grundlegende Bewertungskriterien sind. Die Balanced Scorecard kann als ein Steuerungsinstrument eingesetzt werden, das mit mehreren Kriterien „zurechtkommt“. Will oder kann man sie aber nicht einsetzen (z. B. bei „kleinen“ oder kurzen Projekten), so stellt sich eine Darstellung der Zielerreichung mit mehreren Dimensionen als schwierig dar.

So ist zwar klar, dass Termine und Kosten etwas miteinander zu tun haben, auch Leistung und Kosten usw., sie lassen sich jedoch nie gleichzeitig in Zeit- oder Geldeinheiten ausdrücken, erst recht nicht, was die Leistung angeht.

Zumindest einen Ansatz, um eine Kontrolle von Zeit-, Kosten- und Leistungsentwicklung laufend durchführen zu können, bietet der Einsatz eines **Zeit/Kosten-Diagramms**. Der Projektfortschritt wird anhand des Zeitablaufs und der entstandenen Kosten dokumentiert. Problem dabei: Um die Einhaltung der Vorgabezeiten kontrollieren zu können, ist es erforderlich, die erreichte Leistung in Kosten zu bewerten. (Die Projektleistung wird dadurch in die Dimension „Geld" transformiert.) Diese Leistung wird dann den tatsächlich entstandenen Kosten gegenübergestellt, so dass eine Abweichung der Ist- zu den Plankosten ermittelt werden kann.

Die Leistungsermittlung ist dabei so vorzunehmen, dass die zum jeweiligen Zeitpunkt erreichte Leistung mit den ursprünglichen Plankosten bewertet wird. Es ist also die Frage zu beantworten: „Wie viel hätte diese Leistung entsprechend unserer Planung kosten dürfen?" Dazu ist das geplante Maß der Ressourceninanspruchnahme (Arbeitsstunden, Maschinenlaufzeiten usw.) für diese Leistung zu ermitteln und mit den geplanten Kosten (Arbeitsstundensatz, Maschinenstundensatz, Fremdkosten) zu bewerten.

Bild 7.7 zeigt ein Beispiel für ein solches Zeit/Kosten-Diagramm. Zum Kontrollzeitpunkt t_1, der durch den Meilenstein auf der Zeitachse gekennzeichnet ist, liegen eine Termin- und eine Kostenabweichung vor. Die tatsächlich entstandenen Kosten (k_1, auf der gepunkteten Linie) liegen über den geplanten (k_2, auf der durchgezogenen Linie), die erreichte Arbeitsleistung (gestrichelte Linie) hätte nach der ursprünglichen Planung (durchgezogene Linie) früher erreicht sein sollen. Daraus ergibt sich die **Terminabweichung** (Terminunterschied bei geplanten Kosten k_2). Beide Abweichungen zusammen führen zu einer Verspätung des Projekts sowie zu höheren Kosten. Diese werden durch eine Restkosten- und -aufwandsschätzung zum Zeitpunkt t_1 (Meilenstein) ermittelt. Beide Abweichungen werden durch den schattierten Bereich rechts und oben dargestellt.

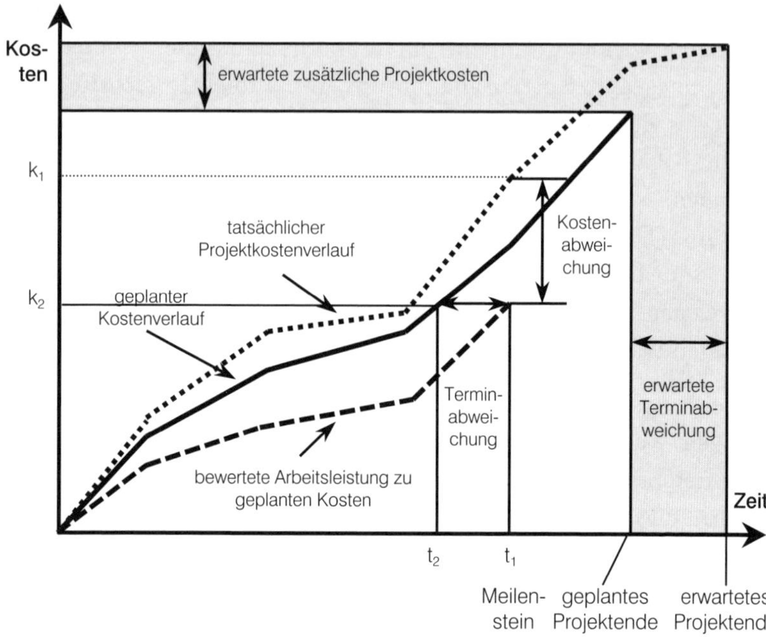

Bild 7.7: Zeit/Kosten-Diagramm

Die Darstellung ist zwar kompliziert, enthält aber alle wichtigen Informationen in einem Bild. Aber sehen wir uns dazu noch ein Beispiel an. Ein Projekt läuft planmäßig über sechs Monate. Es ergibt sich aber eine Verzögerung, vor allem im vierten Monat, so dass insgesamt sieben Monate benötigt werden. Für eine Zwischenkontrolle nach dem fünften Monat werden die Termin- und Kostenabweichung in Bild 7.8 eingezeichnet. Folgende Kosten werden festgestellt:

Monat	1	2	3	4	5	6	7
geplante Kosten	100	300	600	700	900	1.000	
tatsächliche Kosten	150	300	700	950	1.100	1.200	1.350
bewertete Arbeitsleistung	200	400	600	650	800	900	1.000

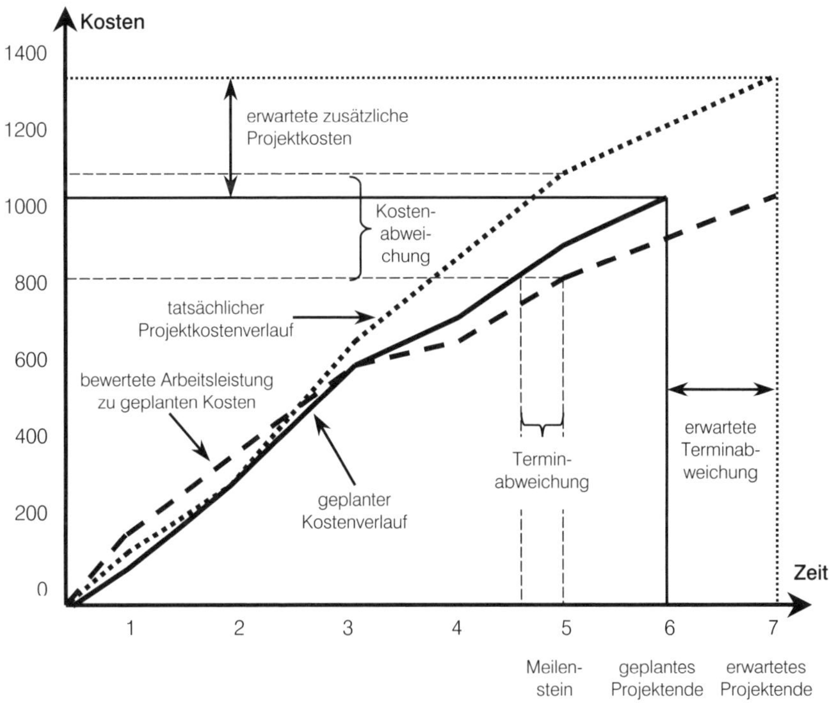

Bild 7.8: Beispiel eines Zeit/Kosten-Diagramms

In der Anfangszeit des Projekts wurde effizienter als geplant gearbeitet. Die bewertete Arbeitsleistung liegt über den geplanten Kosten.

Nach dem dritten Monat ließ die Effizienz jedoch nach, vor allem der vierte stellte ein Problem dar. Die Kosten entwickelten sich im vierten und fünften Monat besonders ungünstig. Hierfür können unerwartete Preissteigerungen verantwortlich sein. Insgesamt wird das Budget stark überschritten (35 %), die Fertigstellung erfolgt einen Monat später.

Glossar

Abschreibung – Betrag, der die Wertminderung von Gütern des Anlagevermögens (dazu gehören z. B. Maschinen, Gebäude, aber auch Immaterielle Güter wie Marken) durch Abnutzung/Verschleiß usw. widerspiegelt.

Aktionismus – Ebenso beliebte wie nutzlose Methode, um kurz vor Projektende Fehler vom Anfang wieder zu korrigieren.

Amortisation – Vorteilhaftigkeit einer Investition; die Investitionsausgaben am Anfang amortisieren sich durch Einzahlungsüberschüsse in den kommenden Jahren, das heißt die Summe der jährlichen Überschüsse übersteigt die Investitionssumme. Je höher die Einzahlungsüberschüsse sind, desto schneller amortisiert sich die Investition.

Analogiemethode – Verfahren, wonach der Projektaufwand durch Vergleich mit anderen Projekten geschätzt wird. Oft wird das Projekt dabei in Arbeitspakete zerlegt, um bessere Vergleichsmöglichkeiten zu haben.

Balanced Scorecard – Deutsch: „ausgewogener Berichtsbogen"; Managementkonzept auf der Basis eines ausgewogenen Kennzahlensystems, das neben finanziellen auch kunden-, prozess- und mitarbeiterorientierte Kennzahlen einsetzt.

Belastungsdiagramm – Grafische Darstellung des Kapazitätsbedarfs in einem Projekt über die Zeit.

Bluffen – Verfahren der Maximierung des zugeteilten Budgets; basiert auf falschen/übertriebenen Angaben über die Entwicklung. Funktioniert immer noch bei guter Koordination von Rhetorik, Mimik, Gestik und Folienkunst.

Buchführung – Planmäßige und vollständige Aufzeichnung aller Geschäftsvorfälle im Unternehmen; Grundlage für die Erstellung des Jahresabschlusses und der Bilanz.

Budget – Die Wurzel allen Übels. Finanzieller Rahmen für ein Projekt.

Bürokratie – Die „Mutter“ des Budgets. Je nach Sichtweise gefräßige Krake im Management oder Arbeitsbeschaffungsmaßnahme.

Business-Plan – Plan zur Vermarktung eines Projekts gegenüber dem (potenziellen) Auftraggeber, der sowohl auf die Leistung als auch die Kosten eingeht. Er bezieht sich auf die Voraussetzungen für das Projekt, den Ablauf und die Auswirkungen.

Call Center – Modernes Instrument des Vertriebs, um Kunden am Telefon warten zu lassen. Gleichzeitig seltene Möglichkeit, altbekannte Dudelmelodien wieder einmal zu hören.

Controlling – Unternehmensweites Steuerungskonzept, beinhaltet Planung, Kontrolle, Informationsversorgung und Koordination; geht inhaltlich weit über die reine Kontrolle hinaus.

Dienstvertrag – Vertrag, in dem die Verpflichtung zu einer nach Zeit definierten Arbeitsleistung definiert wird. Der Vertrag ist erfüllt, wenn die vereinbarte Arbeitszeit geleistet wurde, unabhängig vom Erfolg.

Durchschnittswertverzinsung – Vereinfachendes Verfahren zur Berechnung von Kapitalkosten. Dabei werden Zinsen auf den halben Wert eines Gutes berechnet. Beispiel: Ein Warenvorrat beträgt am Anfang des Jahres 100 EUR, am Ende 0 EUR. Die Kapitalkosten sind bei 10 % Zinsen dann 10 % auf 50 EUR gleich 5 EUR.

Einzelkosten – Kosten, die einem bestimmten Produkt oder Projekt eindeutig zuzuordnen sind. Beispiel: Materialkosten. Gegensatz zu den Gemeinkosten.

Fixe Kosten – Kosten, die von der Produktionsmenge unabhängig sind. Beispiel: Miete. In Projekten sind es die Kosten, die während des Projekts nicht mehr zu beeinflussen sind.

Gemeinkosten – Kosten, die nur mehreren Produkten oder Projekten gleichzeitig zuzuordnen sind. Beispiel: Unternehmensleitung. Gegensatz zu den Einzelkosten.

Geschäftseinheit – Bereich eines Unternehmens, für den eine eigenständige Strategie entwickelt wird. Kann einer Sparte oder einem Produktbereich entsprechen.

Gewinnschwelle – Leistungs-/Produktionsmenge, ab der ein Gewinn erzielt wird. Auch: Break-Even-Point.

Kalkulatorisch – Auf Daten bzw. Überlegungen der Kostenrechnung basierend. Teilweise werden als Ersatz für konkrete Daten „kalkulatorische" angesetzt, die eine Entscheidung ermöglichen sollen.

Kapazitätsdiagramm – Grafische Darstellung des Kapazitätsbedarfs in einen Projekt über die Zeit.

Kapitalwertmethode – Investitionsrechenverfahren, das die Ermittlung der Vorteilhaftigkeit auf der Basis von Aus- und Einzahlungen über längere Zeiträume ermöglicht.

Kennzahlen – Verdichtete Informationen; meist als Verhältniszahl. Beispiel: Mitarbeiterproduktivität = Projektbudget : Zahl der Mitarbeiter.

Kosten – Bewerteter Verzehr von betrieblichen Gütern; sind nicht gleichbedeutend mit Ausgabe oder Auszahlung. Wichtig ist die Zugehörigkeit zur normalen Betriebstätigkeit; die Reparatur eines Hagelschadens gehört beispielsweise nicht zu den Kosten, weil es sich um ein zufälliges Umweltereignis handelt. Planmäßige Aufwendungen für Instandhaltung an Geräten gehören zu den Kosten.

Kostenartenrechnung – Teilbereich der Kostenrechnung, der Kosten nach ihrer Art, das heißt dem inhaltlichen Bezug, und ihren Eigenschaften, das heißt fix/variabel bzw. Einzel-/Gemeinkosten erfasst.

Kostenstellenrechnung – Teilbereich der Kostenrechnung, der Gemeinkosten nach dem Ort ihrer Entstehung, nämlich in den Kostenstellen, erfasst. Sie können dann über Zuschlagssätze in der Kostenträgerrechnung für die Kalkulation verwendet werden.

Kostenträgerrechnung – Teilbereich der Kostenrechnung, der die Kalkulation der Kostenträger (Produkte, Projekte, Dienstleistungen) vornimmt.

Kostenvergleichsrechnung – Verfahren der Investitionsrechnung, das die kostengünstigste mehrerer Alternativen ermittelt. Dabei werden nur Kosten, keine Erlöse, betrachtet.

Leasing – Besondere Form der Vermietung von Gütern, z. B. Anlagegütern, mit fester Laufzeit und Vereinbarung über Rücknahme, Kauf usw.

Leistungsmengeninduzierte Kosten – Kostenart der Prozesskostenrechnung; bezeichnet die Kosten, die von der Zahl der Tätigkeiten abhängig ist. Beispiel: Verbuchung von Rechnungen, Material.

Leistungsmengenneutrale Kosten – Kostenart der Prozesskostenrechnung; bezeichnet die Kosten, die von der Zahl der Tätigkeiten unabhängig sind. Beispiele: Abteilungsleitung, Miete.

Liniensystem – Hierarchisches System der Aufbauorganisation eines Unternehmens, bei dem die Weisungsbefugnisse vertikal verlaufen (von der übergeordneten Instanz auf die untergeordnete Ebene). Im Gegensatz zur Projektorganisation starres Organisationsprinzip mit festen Leitungsbeziehungen.

Liquiditätsplan – Plan zur Erhaltung der Zahlungsfähigkeit eines Unternehmens, stellt die Ein- und Auszahlungen periodenweise (auch tagesgenau) gegenüber.

Meilenstein – Ankerpunkt der Projektplanung. Besonderer Zeitpunkt, zu dem ein Zwischenergebnis erfasst wird.

Netzplantechnik – Verfahren zur Zeitplanung von Projekten, bei dem die einzelnen Tätigkeiten in ihrer zeitlichen Reihenfolge fest miteinander verknüpft werden. Ziel ist es, eine genaue Ablaufkontrolle zu ermöglichen und die Gesamtzeit zu reduzieren.

Nutzen/Risiko-Portfolio – Klassifikation von Projekten anhand einer Nutzen- und Risikobewertung.

Nutzwertanalyse – Verfahren zur Bewertung eines Projekts anhand mehrerer Nutzenkomponenten.

Opportunitätskosten – Kosten der alternativen Verwendung. Können die Kosten/Ausgaben für eine Aktivität nicht ermittelt werden, werden die entgangenen Vorteile/Erlöse eingesetzt, die anderweitig hätten erzielt werden können. Beispiel: Wer einem Bekannten Geld leiht, hat Opportunitätskosten, weil er das Geld auch hätte anlegen können. Dieser entgangene Zinsertrag sind die Opportunitätskosten.

Portfolio – Zweidimensionale Darstellung von Projekten, Geschäftseinheiten, Kunden o. Ä. anhand relevanter Beurteilungsdimensionen: bei Projekten z. B. Nutzen und Risiko.

Profit Center – Organisatorische Einheiten eines Unternehmens, die eigenständig für Kosten und Erlöse verantwortlich sind.

Projekt – Wichtig, sich gelegentlich daran zu erinnern. Projekte sind zeitlich befristete, meist neuartige und eher komplexe Aufgaben in einem Unternehmen. Gar nicht so selten dienen sie dazu, aufwendige oder unliebsame Tätigkeiten aus dem Alltagsgeschäft der Linie herauszubringen.

Projektleiter – Derjenige, der seinen Kopf für alles hinhält.

Projektkostenstelle – Bereich innerhalb eines Projekts, für den Kosten separat erfasst werden und für den eine Person verantwortlich ist. Entspricht meist einem Teilprojekt mit definiertem Aufgabenumfang.

Projektportfolio – Gruppe bzw. Gesamtheit von Projekten eines Unternehmens. In der Regel ist damit auch die Zusammenstellung nach bestimmten Kriterien (meist Risiko du Nutzen) gemeint.

Prozesskostenrechnung – System der Kostenrechnung, bei dem Kosten für einzelne Tätigkeiten/Prozesse ermittelt werden. Vor allem, aber nicht nur, für Dienstleistungen geeignet.

Qualitätsanalyse – Verfahren zur Beurteilung der Qualität der Projektplanung anhand einer Reihe von Faktoren.

Referenzkunde – Kunde, der aufgrund eines guten Rufs und einer hohen Bekanntheit werblich herausgestellt werden kann und dadurch für die Qualität des eigenen Angebots bürgt.

Residual Income – Deutsch: Resteinkommen. Überschuss eines Unternehmens, einer Investition oder eines Projekts nach Abzug der Kapitalkosten.

Restwert – Verbleibender Wert einer Anlage/eines Guts nach der planmäßigen Nutzungsdauer. Bedeutend insbesondere, wenn die planmäßige Nutzung weit unter der technisch möglichen liegt.

Return on Investment (ROI) – Deutsch: Kapitalrendite; entspricht dem Gewinn plus Fremdkapitalzinsen geteilt durch das eingesetzte Kapital. Gibt an, welche Verzinsung das Unternehmen auf das Kapital erwirtschaftet.

Risikoanalyse – Verfahren zur Bewertung von Projekten anhand einer Reihe von risikobezogenen Faktoren.

Scoringverfahren – Bewertungsverfahren, meist durch mehrere Personen anhand mehrerer Kriterien. Dabei wird ein Kriterienkatalog aufgestellt, die Einzelkriterien werden gewichtet und die Projekte danach mit Punkten bewertet. Es ergibt sich dann als Summe der Einzelbewertungen ein Gesamtwert für das Projekt.

Sonstiges – Die wichtigste Position des Projektbudgets. Nimmt alles auf von der Geburtstagsfeier mit den Kollegen bis zu den Konsequenzen der Fehlplanung in anderen Bereichen.

Taktieren – Bewusste und geplante Art des Vorgehens. Wird meist als universelles Instrument des Umgangs mit Budgets missverstanden, ebenso fälschlich als Ersatz für fehlende Strategie.

Teilkostenrechnung – System der Kostenrechnung, das Einzel- und Gemeinkosten sowie fixe und variable unterscheidet. Insbesondere können Deckungsbeiträge errechnet werden.

Umlaufvermögen – In der Bilanz auszuweisende Vermögenspositionen, die sich schnell verändern und in die laufende Geschäftstätigkeit eingebunden sind. Beispiel: Vorräte, Bargeld.

Variable Kosten – Kosten, die sich mit der Produktionsmenge verändern. In Projekten sind es die Kosten, die während der Projektlaufzeit beeinflusst werden können.

Verlustschwellenanalyse – Gegenstück zur Gewinnschwellenanalyse. Ermittelt, wann ein Projekt aus der Gewinn- in die Verlustzone kommt.

Vollkostenrechnung – System der Kostenrechnung, das nur Einzel- und Gemeinkosten unterscheidet. Kurzfristige Entscheidungsrechnungen sind damit nicht möglich

Werkvertrag – Vertrag, der durch die Erbringung einer definierten Leistung erfüllt wird. Die Dauer der Arbeit wird dabei nicht geregelt.

Literatur und Literaturempfehlungen

Burghardt, M.: Projektmanagement, 6. Aufl., München 2002

Hilpert, N.; Rademacher, G.; Sauter, B.: Projekt-Management und Projekt-Controlling im Anlagen- und Systemgeschäft, Frankfurt 2001

Kaplan, R. S.; Norton, D. P.: Balanced Scorecard, Stuttgart 1997

Kauba, N.; Dittler, G.: Nutzenbewertung von Projekten, S. 95-102, in: Controlling 2/2001

Litke, H.-D.: Projektmanagement, 3. Aufl., München 1995

Preißner, A.: Balanced Scorecard anwenden, München 2003

Preißner, A.: Budgetierung und Planung, München 2003

Preißner, A.: Praxiswissen Controlling, 3. Aufl., München 2003

Schelle, H.: Projekte zum Erfolg führen, 3. Aufl., München 2001